Jörg und Ingrid Splett

Meditation der Gemeinsamkeit

Aspekte einer ehelichen Anthropologie

freundschaftliche
Grüße
J. + I.

Verlag Dr. Kovač

VERLAG DR. KOVAČ

Arnoldstraße 49 · 22763 Hamburg · Tel. 040-39 88 80-0 · Fax. 040 - 39 88 80-55

Die Deutsche Bibliothek - CIP-Einheitsaufnahme

Splett, Jörg:
Meditation der Gemeinsamkeit:
Aspekte einer ehelichen Anthropologie/
Jörg und Ingrid Splett. - Hamburg: Kovač, 1996

ISBN 3-86064-460-2
NE: Splett, Ingrid:

Printed in Germany

Wenn Liebe einen "Zweck"hat,
transzendent gesprochen, so müßte
es der sein, daß in ihrer Glut
der beständig in innerste Teile
auseinanderfallende Mensch zu einer
Einheit zusammengeschmolzen wird.

Hugo von Hofmannsthal

INHALT

Vorwort zur dritten Auflage

Zum ersten Mal erschien dies Buch vor einem Vierteljahrhundert (München/Freiburg 1970). Auch seine zweite Auflage ist lange vergriffen. Inzwischen haben sich nicht nur die Autoren verändert. Lasse man also das "Frühwerk" (auf sich be)ruhen - weil zu jung, veraltet? Doch fragen immer wieder gerade junge Leute danach, auch ohne Bezug auf eine bekannte theologische Anthropologie.[1] Offenbar ist es ein Lebensgesetz, daß man gegenüber dem Gestern mit neuem Blick auf das Vorgestern schaut - und nicht stets bloß "nostalgisch". Das bewegt uns dazu, die Denkvorschläge wieder zugänglich zu machen.

Die Sicht des Menschen, aus der sie stammen, haben - in einem Projekt philosophischer "Anthropo-theologie" - inzwischen mehrere Bücher argumentativ begründet und entfaltet ("extravertiert" sozusagen, gegenüber diesem mehr "introvertierten" Austausch): Siehe die bibliographische Notiz. Angesichts dessen konnte die Überarbeitung sich auf ein Mindestmaß beschränken, um der Schrift ihren eigenen Charakter zu lassen.

Mitunter hieß es, sie sei (zu) idealistisch. Wenn damit gemeint war, man vermisse Rezepte zur Praxis des Umgangs, so verweisen wir auf die Überfülle entsprechender Literatur. Anscheinend aber besagte es auch, zu unserm Erstaunen, hier werde die Ehe idealisiert. Darauf antwortet nicht erst das Schuld-Kapitel; schon im zweiten[2] heißt es klar, hier sei keineswegs von einem Traumbild über den Wolken die Rede, sondern "vom Schwarzen inmitten der Scheibe, davon, worauf man zielt, auch wenn man es nur selten trifft" (was anderseits man nicht einmal verfehlen könnte, zielte man es nicht wenigstens an).

Eben dies aber ist der Auftrag humanen Denkens. Meditation will nicht bloß Fakten widerspiegeln, sondern im Bemühen um deren Sinn den Denkenden bewegen. Lebensform sagt Lebensweg, nicht bloß in Treue und Liebe der Ehe. Autoren wie Leser sind unterwegs, und - hoffen wir - , bei allen kleinen wie größeren Differenzen, zu einem gemeinsamen Ziel.

Offenbach, Pfingsten 1996 — Ingrid und Jörg Splett

---

[1] O. H. PESCH, Frei sein aus Gnade, Freiburg 1983, 373.

[2] S. 20.

Einführung: Meditation der Gemeinsamkeit

Meditation findet heute vielfaches Interesse, und was sie sei, scheint allgemein bekannt. Doch in solchen Dingen weiß nur, wer erfahren hat; obwohl bloßes Erfahren ebensowenig genügt, sondern Erhellung und Deutung verlangt. Von Erfahrungen und deren Selbsterhellung soll im folgenden die Rede sein; aber keineswegs mit dem Anspruch einer umfassenden Theorie und systematischen Lehre der Meditation. Es sei vielmehr nur vorgelegt, in welcher Weise man konkret versuchen könnte, jene Wirklichkeit eigenen Wesens wahrzunehmen, die, einmal in Ja zu Ja begründet, nur im Leben dieses Ja Bestand hat.

Für einen Zugang zu Wesen und Praxis der Meditation überhaupt sei darum hier auf einen ihrer Meister verwiesen, auf PHILIPP DESSAUER und seine beiden Bücher *Die naturale Meditation* und *Meditation im christlichen Dasein*.[3] Vor allem die erste Schrift kommt für uns in Betracht. Es geht uns ja nicht gleich um das Höchste: "Das Große, das Unbekannte, Erstaunliche und Neue liegt nicht erst im Höchsten - nicht erst in der Spitze der existentiellen und religiösen Meditation. Das Näherliegende ist einfacher, und es ist zugleich unentbehrlich."[4]

Am nächsten - und am wenigsten entbehrlich - ist uns aber *der* Nächste. Der erste, eigentliche Gegenstand naturaler Meditation ist der Mensch; nicht der Mensch überhaupt, sondern "dieser Mensch": dem Vater, der Mutter das Kind, dem Arzt sein Patient, dem Ehemann seine Gattin, der Gattin ihr Mann.[5] So verstanden, ist Meditation der Gemeinsamkeit also die Sammlung (nicht die Konzentration) auf den Partner, die schauend-verkostende Gegenwärtigung seiner, das ruhige Bei-ihm-Sein des "Auges der Liebe".[6]

Solches Schauen kennt Grade der Intensität und der Tiefe, auch des einbeziehenden Ausgriffs auf den "Horizont" des Angeschauten. Die hier vorgelegten Texte könnte man als "philosophische" oder noch näher: als *"anthropologische Meditationen"* bezeichnen. Nicht im

---

[3] München 1961 und (aus dem Nachlaß) 1968.

[4] Die naturale Meditation 10.

[5] Ebenda 48-51.

[6] "*Ubi amor, ibi oculus* - Wo die Liebe, da das Auge", zitiert THOMAS VON AQUIN nach RICHARD VON ST. VIKTOR (Sentenzenkommentar III 35, 1, 2, 1). In H. V. HOFMANNSTHALS *Buch der Freunde*, Frankfurt/M. 1965, heißt es: "Aufmerksamkeit und Liebe bedingen einander wechselseitig" (25; hieraus auch - 53 - das Motto).

Sinn einer bestimmten Wissenschaft, ja überhaupt nicht im wissenschaftlichen Sinn (also gerade auch nicht als "vorwissenschaftlich"). *Anthropo*logie, Kunde vom *Menschen,* sind sie vielmehr, weil es darin tatsächlich um den ganzen Menschen geht, nicht bloß um ein Etwas an ihm (auch wenn es nicht um den "Menschen schlechthin", sondern unter bestimmtem Hinblick um ihn geht: als ehelichen Menschen). Anthropo*logie*, Kunde: denkendes Wort vom Menschen, aber sind die elf Kapitel, weil hier der Mensch in der Ehe wirklich *bedacht* werden soll. Meditation ist nicht Wissenschaft, aber ihr Blick ist denkendes Schauen, sie ist Besinnung.

Meditierend also übersteigt das Schauen sich selbst in Besinnung, dies schon als naturale Meditation. Zugleich aber zeigt sich in diesem Überstieg eine weitere Möglichkeit an. Die Besinnung kann nämlich aus sich heraus nun auch das Naturale übersteigen, oder besser: es durchdringen, nicht indem sie es überspringt oder hinter sich läßt, sondern indem sie es in seiner eigenen Tiefe aufschließt: Indem sie des Menschen ganz ansichtig wird, sieht sie ihn im Licht seiner Berufung zu der Gnade Jesu Christi. Davon freilich soll das Buch stets nur in Ansätzen, in kurzem Aufblick handeln. Sein Denken über den Menschen weiß und bekennt sich als christlich, doch es ist ebenso bewußt und ausdrücklich nicht "theologische Meditation".

Zu dieser Abgrenzung nach "außen", gegenüber Wissenschaft und Glaubenslehre, tritt nun eine Selbstbegrenzung des Meditierens nach innen: Es soll und will nicht alles wissen und nicht alles sagen.

Der Grund dafür liegt weder in gesellschaftlichen Tabus noch darin, daß der Mensch ohne ein Mindestmaß an Lebenslüge nicht bestehen könnte. Beides hat sein Gewicht, doch schwerer wiegt die Märchenweisheit, wonach nicht erst dumme oder böse, sondern Worte überhaupt ein Glück zerbrechen können, indem sie dessen Schweigen brechen; wonach ein Leben zerstört werden kann nicht nur, weil das rettende Wort unterbleibt, sondern weil ein Wort es - buchstäblich - zer-redet. Sind das nur Märchen? Oder handelt es sich boß um Überreste magischer Angst vor dem Wort (die die Angst vor der Wahrheit verbergen)? Eigentlich geht es um Abwehr von Zugriff.

Umgekehrt vielmehr entlarvt der Versuch "totaler Reflexion" und "schonungsloser Analyse" sich gerade als Flucht vor dem wirklichen Anspruch der Wahrheit. Die Zudringlichkeit dieses Angriffs verrät ihn als Methode der Verteidigung. Der Mut zur Wahrheit hingegen bewährt sich als Starkmut, das heißt: Geduld. Indem er die Wahrheit anblickt, setzt er sich ihr aus (so wie man selbst sich einem Menschen gegenüber auftut, wenn man ihm ins Auge schaut) und nimmt entgegen, was sich zeigt.

Solcher Mut braucht nicht ungeduldig nach mehr zu verlangen, weil es schon immer übergenug ist: Wahrheit beansspruch ja nicht nur gesehen, sondern auch getan zu werden. Zu solcher Tat muß man vielleicht erst noch wachsen, und dazu bedarf es gewiß auch des Wortes; aber wie leicht flüchten wir aus der Mühsal des Werdens in ein Bereden, das, "schnell fertig mit dem Wort", dann schon zu haben glaubt, wovon es redet, und so das Handeln versäumt. Wie das Auge gehört auch das Wort zur Meditation, aber als Wort und Auge der Liebe. Und die Liebe weiß, daß sie vorerst noch mehr zu tun hat, als zu schauen und zu reden.

Müssen wir also den früheren Satz dahin ergänzen: Meditation will nur vorerst noch nicht alles wissen und sagen (eigentlich aber doch)? Man braucht sich nur zu fragen, was man wirklich hofft (aufgrund der anfänglichen Zeichen, die uns führen), dann weiß man die Antwort: Wo das Erkennen ins Ziel kommt, dort gehen die Augen über und die Worte versagen (die Wahrheit ist darum letztlich nicht deshalb übergenug, weil sie beansprucht, sondern weil sie *selig macht*). In solchem Anschauen wird ein Wissen töricht, das zu durchschauen vermeint, und in solchem Austausch werden Worte sinnlos, mit denen man fest-stellt. Ob dieses Ende nicht doch (weil es Vollendung besagt) zugleich auch Verwandlung (also die Gabe neuer Augen, einer neuen Sprache) bedeutet, haben wir noch zu erwägen. Jedenfalls zeichnet es eine Grenze der Meditation, die diese von sich aus wahren muß, um sie selbst zu bleiben (sonst löst sie sich auf in Neugier und Geschwätz).

Mit diesen Klärungen ist aber immer noch nicht genügend bestimmt, was hier als Meditation der *Gemeinsamkeit* versucht werden soll. Es geht nicht nur darum, den anderen zu meditieren, sondern *mit* ihm, miteinander zu schauen.

Das scheint nun der Lehrtradition zu widersprechen, die auf Distanz, Ablösung, Einsamkeit, Stille besteht. Es sei darum auch nicht exklusiv, als Gegenthese, gemeint. Vielmehr ist gerade der unentbehrliche Wechsel von Nähe und Ferne, Alleinsein und Miteinander eines der zu erwägenden Themen. Aber eben der Wechsel. Die Gründe dafür mögen jetzt auf sich beruhen; man geht jedoch wohl nicht fehl, wenn man findet, diese Gemeinsamkeit (gerade auch als meditative) habe in der Theorie und Lehre der Meditation nicht ihr volles Recht gefunden.

Man muß sich nicht unbedingt einander entziehen, um sich dem Gebete zu widmen.[7] AUGUSTINUS gerade, der "nur Gott und seine Seele" kennen wollte, ist es, der uns im neunten Buch seiner *Bekenntnisse* das Gespräch überliefert, das er mit seiner Mutter Monika in Ostia geführt hat[8]: "Höher stiegen wir auf im Betrachten und Bewundern Deiner Werke... Und während wir so reden von Deiner ewigen Weisheit, voll Sehnsucht nach ihr - da haben wir kurz an sie gerührt, mit vollem Herzschlag..."

Darf man angesichts dieses gemeinsamen Aufstiegs in die Entrückung nicht auch auf das "naturale" Gegenbild hinweisen (freilich im Wissen, daß beide Gipfel in ihrer Nähe "getrennteste" sind): auf das Wechselgeschehen ehelichen Erkennens? - Wie im Tal zwischen diesen Gipfeln vollzieht sich die denkende Meditation. Aber sie muß nicht anderer Struktur, nicht weniger Zwei-Einheitsvollzug sein. Das Wesen solchen Vollzugs sollen gleich die ersten drei Besinnungen entfalten. Nur soviel jetzt, daß es dabei nicht um Zusammenstückung zweier Anteile geht, sondern um *ein* Werk zweier, dergestalt, daß es ganz das Werk eines jeden der beiden ist und doch nicht das des einen oder anderen allein (wenn auch - wie beim Tanz - stets einer "führt"), sondern eben *ihr* Tun und Werk. Solcher Vollzug stellt die eine Gestalt beider dar, das heißt die Gestalt ihres Einsseins. "Meditation der Gemeinsamkeit" bedeutet also wesentlich, nicht bloß am Rande: *Zwiegespräch.*[9]

Auch dieses Wort wäre ein Titel für das hier Versuchte, in ausdrücklicher Antwort - nach seinem bescheidenen Maß - auf das *Monologion*, die *Soliloquien*, das "Alleingespräch" der Tradition, doch auch in Abhebung von jenen Wegen der "Selbsterfahrung" und "-findung", die man heute vor allem in der Gruppe versucht. (In diesem Sinn steht auf dem Titelblatt das "und" zwischen den Namen der Autoren, und im selben Sinn wünschen sie sich nicht nur einzelne Leser, sondern auch auf deren Seite das gemeinsam denkende Gespräch.) Diese Andeutung nun auszuführen, ist indessen Aufgabe, *die* Aufgabe des Buches selbst; denn

---

[7] 1 Kor 7, 5.

[8] Confessiones IX 10, 24.

[9] Aus der Vorbemerkung zu: ANCELLE, ... bis sich der Einklang ergibt, Graz 1966, 8: "Von den Kindern ist kaum die Rede auf den folgenden Seiten. Das ist Absicht. Das Geheimnis des Ehebandes ist vor ihnen da und besteht weiter, wenn sie - selbst erwachsen - das Haus verlassen haben; sie werden zutiefst davon betroffen - zu ihrem Glück oder Unglück. Aber es hängt nicht von ihnen ab." Auch vom gemeinsamen "Werk" in Kirche und Gesellschaft ist kaum die Rede. Nicht weil das Paar sich selbst die Welt wäre, doch weil es ihr als Paar begegnet. (Ein Paar aber - der Mißverständnisse scheint kein Ende - bilden nicht zwei Hälften, sondern zwei Personen.)

die Besinnung auf solche Meditation meditiert schon die Gemeinsamkeit der Ehe selbst (und das bedeutet, sie *lebt* sie - zu ihrem Teil): Anfänglich ist sie selber bereits Meditation der Gemeinsamkeit.

Schließlich sei noch ein praktischer Hinweis erlaubt. Da es sich nicht um eine systematisch-wissenschaftliche Darstellung handelt, sondern um eine Folge von Betrachtungen, steht jedes Kapitel in sich und kann für sich allein gelesen und erwogen werden. Dennoch ist ihre Folge als ein Ganzes entworfen und durchgeführt worden. Wie das Spätere auf früher Gesagtes zurückweist, so wird die Grundlegung des Anfangs erst durch die konkreten Überlegungen im zweiten und im dritten Teil gefüllt. Der Eingangsteil bleibt darum unvermeidlich allgemeiner und mag manchem schwierig oder zu abstrakt erscheinen. Viele Leser fanden es besser, gleich mit dem ersten Kapitel des zweiten Teils zu beginnen; denn da der erste Teil auf seine Weise schon das Ganze vorwegnimmt, kann er ebenso ans Ende treten, um das Gesagte nochmals vertiefend in seinen Grund zu versammeln.[10]

---

[10] Für ein "praktisches" Resümee siehe: I. SPLETT, Zur Kultur menschlicher Beziehungen in der Ehe, in: Lebendiges Zeugnis 46 (1991) 208-218.

I. GRUNDGESTALT

"Grundgestalt", diese gemeinsame Überschrift der drei ersten Kapitel, ist auf zweifache Weise zu lesen. Einmal wird in diesem ersten Teil versucht, die Grundgestalt, das Wesensbild personaler Beziehung, sichtbar werden zu lassen. Dann aber geschieht das in der Überzeugung, Ehe sei *eine,* sei *die* Grundgestalt menschlichen Einsseins.

Eine und *die*, beides soll festgehalten werden in jener Schwebe, die sich auch im folgenden immer von neuem als Ort der Wahrheit zeigen wird. - *Eine* Form, und nicht die einzige, ist die Ehe: je höheren Rangs eine Wirklichkeit ist, umso eher wird sie versucht, sich absolut zu setzen, und um so zerstörender wirkt sich ihre Verkehrung aus. Nicht nur auf die verleugneten anderen Lebensgestalten (ihnen drohen dadurch die üblichen Fehlformen aller "Randexistenzen"), sondern gerade auch auf sie selbst, weil sie - derart überbeansprucht - nur zerbrechen oder sich verbilden und verhärten kann. Gerade wenn Blick und Denken sich nur auf die Ehe richten, müssen sie vor solcher Übersteigerung auf der Hut sein. (Davon, wie die Ehe selber über sich hinauswächst, ist im weiteren zu sprechen, schon im ersten Teil.)

Doch Ehe ist auch *die* Gestalt - Und dies muß nicht nur ihrer selbst wegen gewahrt werden (wer in sie eintritt, soll wissen, welche Aufgabe er übernimmt und welche Gabe ihm zuteil wird), sondern gerade auch wegen der übrigen Gestalten. Der Verzicht auf die Ehe hat bewußt zu geschehen, und auch ihre Versagung läßt sich nur in Einsicht bewältigen. Nur so werden die anderen Formen nicht als geheimer Ersatz gelebt und können darum dem Maß, das sie setzt, in wahrer Eigengestalt entsprechen (um so ihrerseits wieder für die Ehe bedeutsam zu werden wie diese für sie).

Ausdrücklich thematisch wird dieser zweite Sinn des Titels freilich weder im ersten noch in den folgenden Teilen des Buchs. Hier soll ja nicht disputiert werden, sondern geschaut. Obwohl also vieles erläuternd, begründend, folgernd dazu gesagt werden könnte (und müßte), haben wir hier darauf verzichtet. Inhaltlich allerdings wird sich die knappe Andeutung im Fortgang immer weiter füllen (auch darum wurde sie jetzt ausdrücklich gemacht): schon in der Kapitelfolge dieses Teils.

Das erste Kapitel betrachtet Gestalt überhaupt: Im Vollsinn, wie sie hier gemeint wird, ist sie das erstaunliche Dasein völliger Übereinstimmung mit sich selbst, geglückter "Identität". Von ihr geht der Blick zur Kreisfigur personalen Bezugs in seiner vielfachen Schwebe, darin zwei selbständige Freiheiten sich zum gewagten Bau *einer* Gestalt, eines geschlossenen Ringes verbinden. Schließlich versuchen wir dorthin zu blicken, woher solcher Einklang geschenkt wird. Dieses Woher ist nicht bloß die Tiefe oder Höhe des Bezugs, nicht einfach seine dritte Dimension, die gleichsam senkrecht durch den Ring hindurchführt, um ihn in ihrem Kraftfeld zusammenzuhalten. Dieser Grund und Abgrund der Liebe trägt vielmehr selber ein Antlitz, zeigt sich selbst als frei und liebend. Darum muß die anfängliche Doppel-Einheit sich zum Drei-Spiel wandeln; so erst wird sie vollends Einheit und Gestalt: Selbsteinigkeit als Drei-Bezug. Damit ist dann der "Grund" gewonnen, auf dem im zweiten Teil die einzelnen Figuren dieses Kreis-Spiels hervortreten können.

1. Selbst-Einigkeit

Um die Eigengestalt personalen Bezugs in den Blick zu bekommen, schauen wir am besten erst auf weniger reiche Gebilde. Zunächst gilt es ja zu erfassen, was überhaupt mit Gestalt gemeint und gesetzt ist.

"Muster" von Gestalt im Doppelsinn des Wortes, das heißt als Beispiel und Vorbild zugleich, sind die Werke der Kunst. Schauen wir also ein Stilleben an, eine Plastik, hören wir ein Lied oder lesen wir ein Gedicht. Solche "Dinge" sind ganz, was sie sind; sie sind vollkommen, restlos mit sich eins und selbig: "identisch". "Was aber schön ist, selig scheint es in ihm selbst, hat MÖRIKE (im Blick *Auf eine Lampe*) davon gesagt.

Identität, also Selbigkeit, oder Echtheit (Authentizität) kommen nicht im selben Maße allem zu, was ist. Natürlich wäre kein Stein, keine Pflanze, kein Tier, kein Haus überhaupt, wäre nicht jedes das, was es ist. Dennoch gibt es Grade der Identität, Stufen der Selbständigkeit, so unsinnig das auf den ersten Blick hin scheinen mag. Ein Schaf etwa kann ich scheren, und es bleibt, was es ist; an einem Haus kann ich manches verändern, ehe es "an die Substanz geht"; der Stein, den ich zerschlage, zerfällt in weitere kleinere Steine, die nun ihrerseits undurchdringlich und unzugänglich "in sich" sind.

So sehr also Identität zum Dasein überhaupt gehört, so hat sie offenbar doch nicht in jedem Fall die gleiche Reichweite und Kraft; man könnte sagen, sie strahle gleichsam von der Mitte aus (einer unfaßlichen Mitte, ähnlich dem ruhenden Mittelpunkt eines kreisenden Rads) und greife nach außen, um das Gesamt ihrer Stofflichkeit sich anzueignen. Im Stein ist diese Mitte wie beliebig, bei Pflanze und Tier scheint ihre Stärke an den Rändern abzunehmen, der

Einbezug gelingt nicht mehr in gleicher Unbedingtheit; so kann man ihr einzelnes entreißen, ohne sie schon in sich selbst zu zerstören.

Nicht so beim Kunstwerk. Es ist, wenn es geglückt ist, ganz, was es ist. Es wird nicht blaß und welk an seinen äußersten Enden, weder schlaff noch hornig, nichts ist hier unbestimmt und beliebig; das Werk ist an jeder Stelle gänzlich da und gegenwärtig. Derart seinen Umriß füllend, ist es Gestalt.

Gestalt bedeutet hier also nicht bloß den äußeren Umriß, etwas, das gefertigt wurde und nun fertig vorliegt: "fertig", erledigt und tot. Sie bedeutet, daß dieser Umriß lebendig gefüllt ist. Gestalt ereignet sich und erhält sich, sie besteht nur als Geschehen, und sie geschieht als Kraftfigur. Kraft aber wirkt sich nur an Gegenkraft aus, sonst verfließt und verebbt sie. Figur bildet sie nur in einem Gefüge, wo Kräfte und Strebungen miteinander, gegeneinander, ineinander verspannt sind. Gestalt als Kraft-Figur ist Spannungs-Gefüge. - Läßt sich diese Spannung näher bestimmen?

Dazu wäre auf ROMANO GUARDINIS "Versuche zu einer Philosophie des Lebendig-Konkreten"[1] hinzuweisen. Dort werden verschiedene Gegensätzlichkeiten benannt und in ihrer gegenseitigen Verschränkung sichtbar gemacht: Dynamik (Akt) und Statik (Bau), Fülle (Gehalt) und Form, Gegliedertheit und Einheit und so fort. Unsere Absicht geht nicht so weit; im Blick auf unser eigentliches Ziel sei hier zunächst nur eine doppelte Gegensätzlichkeit betrachtet.

Einmal das Widerspiel von Aus- und Einkehr, von machtvollem Drang nach außen und sich sammelnder Inwendigkeit: Man braucht nur eine schwere Kugel (diese "vollkommenste Gestalt" der Alten) in die Hand zu nehmen, um es unmittelbar zu verspüren. Einerseits drängt sie sich gleichsam prall in die Hand, an jeder Stelle ihrer Oberfläche mit demselben unnachgiebigen Druck, andererseits aber hat diese Unnachgiebigkeit auch den Charakter der Abkehr, als zeigte sich mir nur ein Rücken; hier geht mich gar nichts an - im Doppelsinn des Wortes: Von mir wird nichts gewollt, aber auch ich habe nichts zu wollen. Von seiner Oberfläche weg stürzt alles in diesem unangreifbar runden Gebilde nach innen. Stammt etwa die Schwere des Dings aus der Wucht dieses Kraftsturzes in sein Zentrum?

Doch was nur und gänzlich in sich selbst hineinstürzt, müßte schweben. Und nun wandelt sich die Erfahrung noch einmal. Es stimmt nicht mehr, daß mich hier nichts angeht.

---

[1] Der Gegensatz, Mainz [3]1985.

Die Sammlung, der sozusagen schwebende, "stehende" Fall, in dem die Kugel sich ihrem Mittelpunkt zukehrt, will mich jetzt mit einbeziehen. Der "Rücken", der sich mir zeigt, meint keine Abwehr; es ist vielmehr, als liefe jemand vor mir her, um mich an ein geheimes Ziel zu führen.

So sind Aus- und Einkehr nicht nur in sich selbst verspannt, sie werden nochmals eins im Einbezug des Betrachters. Mehr als an einer solchen Grundfigur wird das bei einer hohen Plastik deutlich. Blickt man etwa auf eine Buddha-Statue, wird man dieselbe doppelte Erfahrung machen, die sich nur im Paradox aussprechen läßt: als Erfahrung einer solchen Sammlung nach innen, daß sie zugleich wie Licht um die Konturen steht und geradezu körperlich auf den Beschauer eindringt - wiederum: nicht bloß auf ihn eindringt, sondern vor allem ihn in die Stille dieses Inneseins einholen will.

Dasselbe, zeigt sich in der Begegnung mit einem Gedicht. Hierbei ist nicht bloß die verschlossene Fremdheit und Faszinationskraft bestimmter zeitgenössischer Texte gemeint. Wenn man sich etwa GOETHES Vers *Über allen Gipfeln ist Ruh...* vorspricht, berührt einen nicht minder dieses geheimnisvolle Zugleich: die Gegenwärtigkeit, die Macht und ein-dringliche Dichte dieser Worte *und* ihre gläserne Verschlossenheit, ihr In-sich-Gekehrtsein, ein den Leser geradezu mißachtendes Sich-selbst-Genügen - das ihn dann gleichwohl "braucht" und einbezieht. Nicht nur, weil jemand den Text aussprechen muß, damit aus toten Zeichen wieder das Gedicht hervorgeht, sondern weil die Ruhe, die in diesen Zeilen wirkt, auch ihn erfassen will.

Wie immer man das weiter auszudeuten hätte, das Faktum dieser Doppelrichtung zeigt sich augenfällig. Aber es ist nicht dieses Moment, das die Gestalt zur Gestalt, zur Vollgestalt macht. Es kommt vielmehr auf die Intensität von Druck und Zug an, somit auf die Höhe der Spannung, die das Widerspiel von Ausgriff und Einkehr erzeugt und in seinem schwebenden Gleichgewicht aufrechterhält (danach bemißt sich auch die Kraft, mit der es uns "angeht" und in sich hineinnimmt).

Im Blick auf diese Gespanntheit ist das zweite Gegensatzpaar gemeint, dem wir nachdenken wollen. Nennen wir es - vielleicht aufs erste ein wenig volltönend - Leben und Tod. Die Richtung dieses Bezugs steht nicht nur gleichsam senkrecht zu der ersten (dann könnte man beide für gleichrangig und eigentlich auch gleichgeartet halten); sie bildet als deren inneres Maß eine höhere Dimension. Darum ist auch ihre Polarität von anderer Art. Leben und Tod sind hier nicht etwa als mythische Widermächte verstanden, aus deren wechselvollem

Kampf die Gestalten gleichsam als Augenblicks-Konstellationen entstehen. Die Besinnung geht vielmehr darauf, daß in der Gestalt das Leben selbst seinen Tod, daß es sich sein eigenes Ende erwirkt.

Greifen wir wieder zur Kugel. Ein jeder Metallklotz oder Steinbrocken besitzt Konturen, an denen er endet; jegliches Ding ist wie in die Haut seiner Oberfläche gepaßt. Doch das Ungestalte *wird* begrenzt und beendet; irgend etwas schneidet seine Ausbreitung ab, und nun ist es das, was es ist. Es ist also auch Gestalt; gestaltet muß - wie wir vorhin erwogen haben - alles sein, was es gibt,. Doch kommt es jetzt darauf an, zu erfassen, daß Gestalt nicht ohne weiteres gleich Gestalt ist und daß diese Unterscheidung mehr besagt als "spekulative Spitzfindigkeit".

Von der Zweideutigkeit alles Greifbaren wird noch die Rede sein (auf Grund deren es nicht dasselbe sein muß, wenn zwei das gleiche sagen oder tun). Sosehr Gestalt etwas Greifbares darstellt, ist doch das "Gestaltliche" an der Gestalt etwas, das sich dem Zugriff entzieht. Auf dieses "In-Gestaltliche" jedoch wird hier vor allem gezielt. So ist es beispielsweise etwas anderes, ob ich, beim Zählen unterbrochen, gerade bis zur Zahl 18 gekommen bin und hier nun innehalte, oder ob ich diese Zahl als Produkt von drei und sechs gewinne. Das eine ist beliebig, das andere hat sein Maß in sich selbst.

Dies innere Maß ist es, was hier das Gestaltliche oder auch die In-Gestalt heißt; damit sind jedoch nicht die äußeren Abmessungen gemeint, sondern das je eigene "Gesetz". Eine Kugel *wird* in dem Sinn nicht beendet, sie selbst vielmehr endet, rundet und schließt sich. So wenig hier also beliebig abgeschnitten wird, so wenig läuft andererseits die eigene Stofflichkeit ins beliebig Endlose aus. Sie endet auch nicht verebbend an ihren Grenzen (so wie die Schallkugel eines Tons, der von der Mitte seines Urspungs aus allmählich abnimmt und verklingt). Sie erfüllt in Dichte ihr Gesetz, und sie erfüllt es aus Eigenem so, daß ihre Kontur völlig die ihrige ist.

So ist es auch bei einem Musikstück. Schon von den ersten Takten an, die seinen Bogen spannen, bewährt und behauptet sein Leben sich darin, daß es sich selbst sein Ende erwirkt. Das bezieht sich nicht nur auf den Schluß überhaupt, sondern kehrt bei den Hauptteilen wieder und wiederholt sich hinab bis zu jeder einzelnen Phrase. Nicht nur ein Zu-kurz, noch mehr ein Zu-lang zerbricht den Spannungsbogen; rasch ist der Punkt erreicht, wo alles flau wird und das Leben aus dem Stück entwichen ist. Die Flucht vor dem Tod hat dann das Leben vertrieben.

Vom Gedicht aber hat diesen Sachverhalt besonders deutlich RAINER MARIA RILKE benannt, in Versen an einen bewunderten anderen Dichter, *An Hölderlin*:[2]

> Die Zeile schloß sich wie Schicksal, ein Tod war
> selbst in der lindesten, und du betratest ihn...

Die nötige Sicherheit dieses Tritts kann nur die Lebenskraft des Dichters, seine "Seelenstärke" verleihen. "Wille [ist] dies, sich zur Endlichkeit zu entschließen." - "Nicht das Leben, das sich vor dem Tode scheut, sondern das ihn erträgt und in ihm sich erhält, ist das Leben des Geistes", hat HÖLDERLINS Freund G. W. F. HEGEL geschrieben.[3]

Damit wird nun deutlich, daß trotz Zahl und Kugel, Plastik und Lied im Grunde von Anfang an der Mensch und sein Auftrag gemeint war, daß die Besinnung auf *ihn* ging, stets schon Selbst-Besinnung war. Zu Selbsteinigkeit und Authentizität, mit einem Wort: zu seiner Wahrheit, ist *er* berufen und hat das von jeher gewußt. PINDARS Merkspruch "Werde, der du bist" ist nicht der erste Aufruf, und der marxistische Protest gegen die Selbstentfremdung des Menschen war gewiß nicht der letzte.

Freilich kann man dieses Selbst verschieden deuten. Und zum Schluß dieses ersten Kapitels sei *ein* mögliches Mißverständnis abgewiesen, weil es alles Folgende entstellte.

Solches Selbstwerden ist nämlich um eine Welt unterschieden von egozentrischer "Persönlichkeitsbildung". Die Gestalt eines Gedichts dient nicht der Selbstbestätigung, und wer in Eitelkeit den Tod "beträte", hätte ihn verfehlt. Man geht vielmehr, wie RILKES Verse fortsetzen, hinter dem "vorgehenden Gott". Ausführlich wird davon im dritten Kapitel gehandelt. Aber jetzt schon muß klar sein: Gestalt hat zwar keinen Zweck, erst recht keine Zwecke, sie ist voll selbstgenügenden Sinns; doch eben so geht von ihr das Licht vollendeter Selbstlosigkeit aus. Das macht sie so unangreifbar, und das läßt von ihr jenen Anruf ausgehen, der zur Wandlung nötigt, ja der selbst schon den in Wahrheit Schauenden (indem er ihn mitreißt) zu verwandeln beginnt.

Identität ist Selbstlosigkeit, anders gesagt, sie ist Unschuld. HEINRICH VON KLEIST hat das an der Marionette und an der Selbst-Einigkeit des Tiers aufgezeigt. Wir sind dazuhin immer nur auf dem Weg, in unsere vielfältigen Probleme verstrickt. In der Gestalt hat sich diese

---

[2] Sämtl. Werke, Frankfurt/M. 1955ff, II 93.

[3] Grundlinien der Philosophie des Rechts § 13, Anm., Hamburg [4]1955, 37; Phänomenologie des Geistes, Hamburg 1988, 26.

Verstrickung gelöst. "Das Tröstliche der großen Kunstwerke liegt weniger in dem, was sie aussprechen, als darin, daß es ihnen gelang, dem Dasein sich abzutrotzen." Nur das letzte an dieser Bemerkung THEODOR W. ADORNOS akzeptieren wir nicht. Hat er nicht selbst an anderer Stelle gesagt, die großen Kunstwerke seien "jene, die an ihren fragwürdigsten Stellen *Glück* haben"?[4] Nicht nur an diesen Stellen, sondern als ganze ist Gestalt nicht etwas, das ertrotzt werden kann; bei allem Mühen muß es sich er-geben. Sie gibt sich uns als das Geheimnis des In-eins-Falls. Und dieses Geheimnis ist umso bewegender, je selbständiger, je freier und je eigener das ist, was darin eins wird.

Ist Gestalt also immer schon gespanntes Eins, so ist lebendigste Gestalt das Eins von Gestalten (nicht schon die Kugel, erst die vielgesichtige Plastik; nicht schon ein Wort, sondern das Gedicht). Solche Gestalt-Gestalt, zuhöchst als personale, nennen wir im folgenden, mit einem Wort VIKTOR VON WEIZSÄCKERS, den "Gestalt-Kreis".

2. Gestalt-Kreis

VIKTOR VON WEIZSÄCKER hat mit dem Namen "Gestaltkreis" bestimmte Vorgänge benannt, die man nicht wirklich erfaßt, solange man sie bloß als Ketten von Reflexantworten deutet. Die "Reaktionen" bilden hier vielmehr eine innere Einheit aufgrund einer Kraft, die sich zwar der Reflexfolgen bedient, doch nicht in ihnen aufgeht. Auf biologischer Ebene zeigt sie sich in der Einheit von Sehen und Bewegen, etwa wenn jemand einem Schmetterling nachschaut. Bewegungen des Blicks, des Kopfes, des ganzen Körpers haben das eine Ziel: mit dem Tier optisch vereint zu bleiben, und vollziehen dabei ständig dessen Bewegungen mit. So ist der Sehende in Sehen *und* Bewegen mit dem Falter in Einheit, und der Vollzug dieser Einheit ist seinerseits *ein* Geschehen. Nur die Bewegung des Schauenden hält ihm den Falter sichtbar, und umgekehrt sieht er den Falter nur so, daß "durch die Erhaltung der Kohärenz (der Einheit mit ihm) sowohl (dieser) selbst wie auch seine Bewegungen erscheinen. Die Kohärenz bleibt also nur unter der Bedingung jener Bewegungsfolgen erhalten, und wir nehmen uns davon ein Recht, das ganze Geschehen - Sehen und Bewegen - *einen* Akt zu nennen."[1]

---

[4] Minima Moralia, Frankfurt/M. ³1964, 299; Noten zur Literatur I, ebd. ³1965, 102.

[1] Der Gestaltkreis; Stuttgart 1947, 8.

Erst recht herrscht dieses Verhältnis zwischen Personen. - Auch das soll ein Beispiel veranschaulichen. PAUL CHRISTIAN und RENATE HAAS haben die Zusammen-Arbeit zweier Personen (das gemeinsame Holz-Sägen) untersucht und im Ergebnis vier Punkte notiert. 1. Gegenseitigkeit; d.h., jeder nimmt in seinem Tun schon die Antwort des Gegenübers vorweg, so "daß einer dem anderen gewissermaßen (wie in der Sprache) das 'Wort aus dem Mund nimmt': Was A für B tut, tut B für A. Das Spiel (die Arbeit, das Verhalten) ist *für* beide und nicht *zwischen* beiden." 2. Solidarität (statt Selbstherrlichkeit), d.h., das Arbeitsmaß eines jeden ist nur relativ, nicht absolut in sich zu bestimmen, so daß die Beteiligung zwar erheblich verschieden sein kann, der Unterschied aber "unbemerkt vom Gegensubjekt vollkommen ausgeglichen" wird. 3. Selbstverborgenheit voreinander; d.h., jeder ist so Glied eines Ganzen, daß weder der Führende sein Führen noch der Geführte sein Geführtsein als solches bemerkt. "Gerade dann, wenn beide Beteiligten sich auf dem Höhepunkt einer gekonnten Zusammenarbeit maximal selbständig erleben, zeigt die Analyse, daß beide objektiv in strenger Gegenseitigkeit der Abläufe verbunden sind." Jeder hat so viel Selbständigkeit, wie er dem anderen gibt (und dieser annimmt), ohne daß dieses Geben und Nehmen bewußt und ausdrücklich geschieht, 4. Einheit in den "Wurzeln des Vorgangs"; d.h., "die gemeinsam erzielte Leistung wird zwar von zwei Subjekten in Partnerstellung vollzogen, sie ist aber schon von Grund auf ein einheitlicher Prozeß."[2]

Dieselben vier Punkte könnte man auch am Tanz ablesen. Hier wie dort kommt es nur darauf an, wirklich die geglückte Mitte des Geschehens ins Auge zu fassen. Bei allem Zusammen-Spiel gibt es ja auch Komponenten, die nicht nur tatsächlich, sondern auch im Bewußtsein der Partner durchaus dem einen oder dem andern zuzuschreiben sind. Der eine führt bewußt, und der andere läßt sich ausdrücklich führen, und beide sind distanziert nicht nur voneinander, sondern auch von dem Tun (der Arbeit, dem Spiel) "zwischen" ihnen. In unseren Überlegungen aber geht es immer wieder um die Norm (statt des "Normalen"). Wir sprechen sozusagen vom Schwarzen inmitten der Scheibe, davon, worauf man zielt, auch wenn man es vielleicht nur selten trifft. - Und in dieser Mitte geglückten Geschehens gilt das Genannte. Hier rundet sich dann der Bogen zwischen zweien zum Kreis, ihr Bezug wird Gestalt.

Was in solchem In-eins-Fall glückt, ist einfach - wenn auch nicht leicht. Oder nein: Es ist sogar leicht - *wenn* es geschenkt wird; ja, in dieser Leichtigkeit erst gilt es als

---

[2] P. CHRISTIAN, Das Personenverständnis im modernen medizinischen Denken, Tübingen 1952, 154f.

gelungen. Schwierig ist nur der Weg zu ihm hin, das Üben, das ständige Scheitern (nochmals schwerer angesichts der Leichtigkeit des mühsam Versuchten und durch die wachsende Einsicht, daß trotz der Notwendigkeit dieses Mühens mit ihm allein das Ziel nie erreicht wird). Der Einklang also ist einfach und leicht, einfach und leicht auch sein Erfahren (das Bewußtsein von ihm). Doch seine gedankliche Entfaltung, die reflektierende Auslegung dieser Einheit ist unvermeidlich schwierig und von Verzeichnungen bedroht; denn sie spricht gewissermaßen eine Stufe tiefer, das Licht ihrer Erfahrung nurmehr im Rücken, vor sich bloß den Widerschein.

Gleichwohl bedarf es dieser Erwägung; einmal wegen des *erfahrenen* Zusammenklangs. MARTIN HEIDEGGER hat uns daran erinnert, daß Denken nicht nur wortgeschichtlich mit Danken zusammengehört. Denken, Gedenken wirkt mit zur Annahme des Geschenkten, zu seiner immer umfassenderen Hereinnahme ins Selbst (so wird in der Erinnerung des Anfangs einer Liebe diese immer tiefer "angeeignet"). Damit aber ist schon das Zweite gegeben: Erwägung steht immer auch im Dienst der *Vorbereitung*, sie ist selber unmittelbar *eine* Weise des Bemühens um die Vollgestalt.

Die möglichen Fehlsichten der Erwägung entspringen dabei der Versuchung, von jener Ebene her zu denken, auf der man in diesen Zwischenzeiten steht, das heißt vom isolierten Ich aus.

Entweder denkt man also zwei "Substanzen", zwei genügsam gerundete Weltkörper, die miteinander "in Beziehung" treten sollen. Der Bezug wird dann als nachträglich und zusätzlich verstanden. Beide sind souverän und eigenen Rechts, und es kommt darauf an, die Beziehung derart auszubalancieren, daß die Planeten weder ineinanderstürzen noch sich verlieren, sondern den rechten Abstand zueinander finden. Die Form möglicher Konstellationen reicht von einem Mond-Erde-Verhältnis bis zu Doppel-Stern-Gebilden (eine äußerste, man kann vielleicht sagen "romantische" Möglichkeit wäre die ewige Ferne und Bezüglichkeit zumal des Sternbilds; es hat nicht von ungefähr seinen Ort in der Mythologie der Liebe erhalten). Was auf diese Weise sichtbar wird (und unmittelbare "Anwendung" nahelegt), darf nicht vernachlässigt werden. Dennoch greift es wesentlich zu kurz.

So wird es verständlich, daß man dieser Konzeption immer wieder eine Alternative entgegengestellt hat, die nun das Zwischen sozusagen substanziiert. - War in der ersten Sicht der *Bezug* "akzidentell", d.h., hinzukommend, im Grunde zu-fällig, so sind es nun seine Glieder. Konnte man die erste Deutung eher rational, "vernünftig" nennen, so ist die zweite "irrational", rauschhaft gedacht. An die Stelle des Bilds zweier Sterne tritt die Vorstellung einer stürzenden Woge oder zusammenschlagender Flammen. Es geht nicht um Balance und rechten Abstand, sondern um rückhaltlose Auslieferung an den Sturm, der beide mit sich reißt. Auch hier sind verschiedene Weisen der Selbstaufgabe möglich, vom "Falter-Kerze"-Geschehen bis zur "Selbst-Aufhebung" zweier Quellflüsse in ihre neue Einheit (äußerste - darf man sagen "klassische"? - Möglichkeit wäre der gemeinsame Tod der Liebenden - wie ein Standbild, aus zwei Metallen gegossen). Das Recht dieser Sicht ist nicht weniger deutlich. Doch auch das Recht des Einspruchs gegen sie seitens der ersten Deutung der Liebe.

Die wahre Gestalt der Einheit enthält das Gültige beider (deswegen finden sich beide Bildgruppen auch immer wieder in Mythos und Dichtung), doch nicht in bloßer Addition - das wäre widersinnig; denn so schließen sie, im Widerspruch, einander aus -, sondern verwandelt. Verwandlung bedeutet Auflösung der Kontur. Was hier aufgelöst werden muß, ist die beiden Entwürfen gemeinsame Vorstellung von Substanz. Sie ist tatsächlich beiden Entwürfen gemeinsam, denn auch der zweite verneint sie bloß und ersetzt sie sozusagen durch das entgegengesetzte Modell, das der Energie (so daß sie als Gegenbild wirksam bleibt). Aber kann sie denn anders als in solcher Verneinung aufgelöst werden? Tatsächlich können wir nur in Wörtern reden, d.h., unsere Sprache ist selber von der Dinglichkeitsstruktur gezeichnet, die wir auflösen wollen (davon wird später, II. Kap. 5, noch die Rede sein). Es kann also nicht "eigentlich" und positiv *gesagt* werden, was *gemeint* ist. Aber im Widerspiel der Negationen läßt sich doch darauf deuten (freilich nur so, daß man voraussetzt und hofft, im Leser antworte den Winken ein Wiedererkennen und Ein-Verständnis aus dem Wissen eigener Erfahrung).

Der gemeinte Einklang darf also weder die Partner verschmelzen ("Was wäre unsere Liebe, wären wir nicht zwei?"), noch dürfen sie (beziehungsweise ihre Sphären) lediglich an Grenzen aneinanderstoßen ("Was wäre unsere Liebe, wären wir nicht eins?"). Blicken wir auf die "Muster" am Kapitelanfang zurück. In der Mitte geglückten Geschehens hat nicht nur (trotz des unterschiedlichen "objektiven" Anteils) keiner der beiden vor dem anderen einen Vorrang, sondern auch nicht die beiden vor ihrem Spiel oder dieses vor ihnen. Die Schwebe zwischen den beiden wiederholt sich als Schwebe zwischen ihnen und ihrem Eins. Zweck und Zwecke, Wozu und Warum sind vergessen. "Die Ros' blüht ohn' Warum" (ANGELUS SILESIUS). Und so - als frageloser Sinn - schlägt sich der Kreis, fügt das Getrennte sich zur Kugel zusammen.

Meditation im Dienst dieses Ereignisses hat also die Aufgabe - nicht es herbeizuführen (oder es gar vorzutäuschen), sondern ihm seinen Ort zu bereiten (und dies, wie gesagt, in doppelter Richtung: als Gedächtnis wie als Erwartung). Ist Meditation von sich her also noch nicht (nicht mehr) dieser Einklang, so kann er ihr doch nicht fremd sein. Sie ist nicht Konzentration, sondern Sammlung, wurde gesagt. So aber ist sie selbst schon Einheits- und Einungsvollzug, und wie sie nur möglich ist von Gnaden tieferer Einheit (als deren "Angeld"), so ist es nicht ein Fremdes, das sie überkommt, sondern die Erfüllung ihrer selbst, wenn sich aus ihr die Stunde des Einsseins schenkt.

Daher zielt der Titel dieses Kapitels nicht allein auf die geschenkten hohen Augenblicke, sondern auf die ganze Erstreckung, auch auf die Alltäglichkeit gemeinsamen Lebens. Nicht um sie zu idealisieren, sondern um ihres Grund-Wesens inne zu werden; um durch das ermüdende Vielerlei unseres Lebens hindurch das eine selbe Gesetz zu erkennen, das darin waltet. *(Das* ist ja Meditation: Verkosten des Eigen-Geschmacks der Dinge, den eine vermeintliche Kenntnis oft fast gänzlich verdeckt hat). Das Bedachte gilt darum prinzipiell von allen Vollzügen und Verrichtungen, in die sich unser Leben auslegt. Erwägung, Meditation ist dabei nur eines unter vielem, *ein* Moment im Gesamt dieses Lebens. Doch ist sie anderseits wirklich *Moment*, Teil des Vollzugs, nicht nur ein Denken-über, von außerhalb.

"Betrachtung" muß also auch in ihrer anfänglichen Gestalt schon die "Struktur" des Gestaltkreises haben. so ist es in der Tat. Wie wäre MÖRIKE "von deinem Anschaun tief gestillt" (*An die Geliebte*), wenn sich in solcher Gegenwärtigung nicht schon die Einung selbst zutrüge. Man sieht erneut, Betrachtung, Meditation sind nicht bloß die Erwägungen dieses Buches. Die Fachleute unterscheiden zwar häufig Meditation und Kontemplation: Erwägung und Beschauung. Wir setzen uns über diese (in bestimmter Hinsicht durchaus notwendige) Unterscheidung hinweg. Erwägung ist Vergegenwärtigung - doch nicht notwendig nur eines Fernen; Schau geht auf das Gegenwärtige - doch nicht notwendig nur auf das, was "da" ist. (Kann man nicht übrigens *da* und dennoch abwesend sein? Also auch umgekehrt gegenwärtig, obwohl man nicht da ist.)

Jede Weise enthält die andere als ein Moment in sich, und oft genug scheinen beide eher Momente (Struktur-Richtungen) eines umfassenden Bezugs zu sein: Schauen und Denken sind eins, wenn der Blick auf dem geliebten Menschen ruht; ebenso durchdringt sich beides in den Gesten dankbarer Zärtlichkeit. All das und vieles mehr darf rechtens Meditation (oder Kontemplation) genannt werden, wenn es das Zweckwollen wie die Routine hinter sich läßt.-

Trifft das zu, dann muß der Meditation die Ring-Gestalt auch im Vollsinn eignen können: indem sie Meditation zu zweit wird. (Damit füllt und verdeutlicht sich ein Stück weiter, was in der Einführung nur angedeutet werden konnte.)

Eheliche Meditation ist jetzt als gegenseitige Vergegenwärtigung im weitesten Sinne verstanden, in einer gegliederten Vielfalt ihrer Bezüge, die hier nicht genau beschrieben, sondern nur - äußerst formal - skizziert werden kann: Einer vergegenwärtigt nicht nur den anderen, sondern auch dessen gegenläufige Vergegenwärtigung und darin sich als deren Ziel. Beide "schauen" also sich *und* den anderen, sie schauen ihrer beider Liebe und deren wechselseitige Ankunft. Sie erfahren ihr Eins in seiner vielfachen Bewegung: Du und Ich in der Schwebe des Wir. So aber *ist* ihre Einheit nicht bloß vielfältig, sie *wird* es immer mehr, sie vervielfältigt sich unabsehbar unter ihrem Blick und eben durch ihr Schauen. Die Liebenden, die das Spiegel-Spiel ihres Bezugs meditieren, werden so immer überwältigter seiner Unergründlichkeit inne. Und all dies nicht in der Hilflosigkeit und Kompliziertheit dieser Worte, die davon zu reden suchen, sondern im Auf- und Ineinanderblick über den Tisch hinweg, im Austausch eines Lächelns oder im gleichsam einstimmigen Ausbruch - aus einem beginnenden Streit - in befreiendes Lachen, im Spiel der Zärtlichkeiten, in einem Schweigen, das weiß.

Dennoch: Wissend ist und bleibt solches Schweigen nur durch das Wort. Darum bedürfen all diese Formen der Meditation immer auch des meditierenden Denkens und gemeinsamen Gesprächs. Freilich denkt solches Denken sich nicht etwas *aus*, es denkt und spricht *nach*, um den sprachlosen Formen der Meditation nicht *sein* Wort, sondern ihres zu sagen.

Es könnte scheinen, als sei dieses Wort mit dem Bisherigen gesprochen. Kann das Beieinander der Liebenden mehr sagen als: Du und ich im einigen Wir? Haben wir es nicht eben als Kreis und geschlossenen Ring, als Kugel, frageloses Sich-Genügen beschrieben? Woher dann noch weitere Fragen? Gedanken zu dem Gesagten hinzu, also darüber hinaus, müßten demnach doch ausgedacht sein und von den Liebenden selbst, um ihrer Liebe willen, abgewiesen werden.

Wie aber, wenn in dieses Bezugsgesamt noch tiefer hineingefragt werden könnte und sollte? Im Ereignis des Eins fragt man natürlich nicht; aber in ihm und gerade in seiner Fraglosigkeit ereignet sich vielleicht noch mehr als das bisher erwogene "Du und Ich: Wir". Das Geschehen hat kein Warum und Wozu, aber es hat ein Woher und eine Garantie seiner selbst, die weder im Du noch im Ich noch auch in ihrem Wir als solchem liegen. Niemand weiß das besser als die Liebenden selbst. Das Geschehen des Gestalt-Rings wäre also gar nicht fraglos (beziehungsweise seine Fraglosigkeit stellte sich als Illusion heraus), wenn es wirklich bloß das Ereignis des Wir von Du und Ich bedeutete.

Tatsächlich wird in ihm nicht nur ein Wir, sondern es zeigt sich zugleich, und (zeitlos) zuvor, ein Sein-Dürfen und -Sollen, ein "So-sei-es" dieses Wir, das es unendlich übersteigt. Dieser Tiefe der Erfahrung ist nun nachzudenken.

3. Drei-Gefüge

Die Liebenden selbst sind es, aus denen sich ihr Einssein fügt, sonst wäre es nicht *ihre* Einheit. Aber bliebe es nur ihre Einheit, wäre sie kein wahres Eins. Denn sie sind zwei, und "zwei als solche (d.h., gestützt nur auf ihr eigenes Vermögen), begründen niemals ein Eins", erklärt ein klassischer Grundsatz der philosophischen Tradition. Die Einheit zweier ist *geeinte* Einheit, insofern verweist sie auf ein *einigendes* Eins. Diesen Verhalt wird wohl niemand bestreiten, am wenigsten - wie gesagt - die Liebenden selbst. Doch wie ist er zu deuten?

Wenn zwei als solche kein Eins zu setzen vermögen, dann noch weniger drei. Es kann sich bei dem geforderten Dritten also nicht um ein fremdes Prinzip, um eine äußere Autorität handeln, die zwei zusammenbindet. Zwar gibt es solche Mächte: gesellschaftliche zum Beispiel (wo die Familie oder die Sippe die Ehe be-schließt) oder seelische Bindung. (Wo wir von Verliebtheit im leichtesten, im schwersten Fall von Hörigkeit sprechen, sah sich der Grieche von Aphrodite geschlagen.) Doch sie schaffen keine wahre Einheit.

Im ersten (dem "gesellschaftlichen") Fall ist es immer als Gnade der Götter und als Geschenk des Schicksals beschrieben worden, wenn die Vermählten sich zugleich auch innerlich als zusammengehörig erkannten (man braucht nur die Märchen dieser Völker zu lesen). Das zeigt aber, daß man bei aller "Selbstverständlichkeit" des Brauchs (dessen Vorzüge auch heute nur romantische Naivität bestreiten dürfte) sich doch schon seiner "Teilhaftigkeit" bewußt war.

Im zweiten Fall (der seelischen Bindung) wird der Verliebte nicht nur aus ungefährem Vergleich als Träumer beschrieben - er ist es; die Schlafenden aber haben jeder seine gesonderte Welt, erst den Wachen ist sie gemeinsam.[1] Der Verliebte ist also nicht nur "nicht bei

---

[1] HERAKLIT, Fr 89.

sich", er ist auch nicht beim andern (was er selbst freilich erst merken kann, wenn er erwacht). Ein Höriger dagegen ist zwar wach (obwohl er sich wünscht, wie aus einem Alptraum erwachen zu können), erleidet jedoch eben die eigene Uneinigkeit und die Isolierung in seiner Sonderwelt qualvoll.

Doch nicht der Schmerz ist das ärgste. Die Entfremdung erreicht ihren Höhepunkt dort, wo der Gebundene die Fesseln nicht mehr empfindet; denn dort empfindet er auch sich selbst nicht mehr in diesen Fesseln; indem und soweit er sich ab-gefunden hat (oder vielmehr: sich abfinden ließ - wie Esau mit dem Linsengericht), hat er sich verloren. Der Schmerz des Risses bekundet noch die übergreifende Identität; in gleichem Maß, wie ein Wesen sich ihm entzieht, nähert er sich dem gestaltlosen Einssein leerer Möglichkeit, wo Einheit zum bloßen Fehlen von Unterscheidungen wird. Dem Hochbild des Kreis-Eins, der Kugel, entspricht hier jener Zustand, den die Schrift mit dem widersprüchlichen Wortpaar *tohu-wa-bohu*, wüst und leer, benennt: "Identität" völliger Nicht-Identität (Selbigkeit derselben Formlosigkeit), Unangreifbarkeit aufgrund des Mangels jeglicher Substanz.

Sind das nicht sehr abstrakte Spekulationen, die mit dem gestellten Thema nichts zu schaffen haben? Eingeräumt, daß der Sturz der Selbstaufgabe dieses "Ziel" nie wirklich zu erreichen vermag. Doch die Extreme schärfen den Blick für die tatsächlichen Formen von Liebe und Ehe, die man zwischen ihnen wie auf einer Stufenleiter anordnen kann. Das Negativbild verdeutlicht nicht nur die Vollform, sondern ermöglicht die Prüfung des eigenen Standorts; und dieser ist in unserer Frage niemals ein Ort, auf dem man steht, sondern der augenblickliche "Stand" innerhalb einer Bewegung: innerhalb des Werdens eines jeden Partners wie im Reifen ihrer Gemeinschaft.

Doch zum Gedankengang selber zurück. - Im Protest gegen äußere Mächte, gegen die Unfreiheit und Fremdgesetzlichkeit der Liebenden hat man immer wieder ihre Autonomie, ihr schrankenloses Eigenrecht beschworen. Wenn der Mensch unendlich mehr sei, als er ist (auch dies eine Grundsatzaussage der Philosophie, die in dem vielzitierten Wort PASCALS nur ihre berühmteste Formulierung erhielt), warum sollte er dann nicht auch das Gesetz übersteigen, nach welchem zwei nicht aus sich selber eines werden können?

"Schüchtern drang durch die große Einöde dieses kleine Gefühl wie eine winzige saftige Blüte, die ganz allein zwischen den Steinen wächst", schreibt MUSIL von den Geschwistern am Meer. "Sie bogen das Rund des Horizonts wie einen Kranz um ihre Hüften und sahen in den Himmel. Standen jetzt wie auf einem hohen Balkon, ineinander und in das Unsagbare verflochten gleich zwei Liebenden, die sich im nächsten Augenblick in die Leere stürzen werden. Stürzten. Und die Leere trug sie. Der Augenblick hielt an; sank nicht und stieg nicht."[2]

Und doch hat dieses Wunder keine Dauer. Womit nicht gemeint ist, daß der hohe Augenblick vergeht; das gilt von allen Augenblicken des Menschen (indem er sich übersteigt, steht er ja nicht schon jenseits seiner, er bleibt in der Zeit). Der Augenblick könnte auch in eine gesättigte Stille zurücksinken, aus der er immer wieder neu ersteht, und eben so geschieht es ihnen zunächst. Dann aber machen sie die Erfahrung, wie "ganz leis die Langeweile das abzunagen beginnt" (1672). Sie blicken tief genug, um zu zu erkennen, daß sich darin mehr als bloß eine leiblich-seelische Abspannung bemerkbar macht. Sie haben sich offenbar grundsätzlich übernommen. Aber in welchem Sinn?

Zunächst glauben sie zu erkennen, daß eben "alles Absolute, Hundertgrädige, Wahre völlige Widernatur" (1667) sei; daß sie versucht hätten, als Phantasten vom Salz allein leben zu wollen. Und dieser Gedanke ist wichtig genug, um ihn an späterer Stelle aufzunehmen. Dennoch genügt er hier nicht. Das entscheidende Wort findet Anders/Ulrich ein paar Tage später, als er auf Agathes Bemerken, "Wenn wir an Gott geglaubt hätten..." erwidert (1672f): "Zwischen zwei einzelnen Menschen gibt es keine Liebe."

Er zielt damit auf die Gesellschaft, auf den Dritten als unentbehrlichen Zuschauer ab, und man kann seinen Satz durchaus im Sinn der ersten Einsicht lesen (ja, er selbst meint ihn so, daß er die Gesellschaft als Regel und Inhalt der inhaltlosen Ausnahme der Liebe braucht: also als Speise zum Salz). Aber das Wort sagt mehr, als Ulrich meint. Wird die Gesellschaft denn der Langeweile Herr? "Gott", ein Schachspiel, eine Patience, ist das wirklich etwas, wo - wie Ulrich meint (1673f) - "sich Brett an Brett legt, um über die leere Tiefe hinwegzuführen"?

Die Ordnung, die er für die Liebe fordert, kann nicht derart an der Oberfläche liegen. Wäre die Tiefe leer, dann risse uns nicht erst der Schwindel von dem Brettersteg, die Bretter ließen sich nicht einmal legen. Hier ist es vielmehr die Tiefe selbst, die sie trägt - wie sie es ist, die den unendlichen Selbstüberstieg des Menschen ermöglicht und hält. Freilich ist sie nicht greifbar; dann wäre sie ja ein äußeres Drittes, ein anderes, das so gerade keine Einheit stiften könnte.

---

[2] Der Mann ohne Eigenschaften, Hamburg 1978, 1655f; siehe das Gesamt der "Reise"-Entwürfe: 1651-1675.

Was aber ist sie dann? - Um auf diese Frage antworten zu können, müssen wir zwei Begriffe der philosophischen Fachsprache hier übernehmen. Sie sind jedoch rasch erläutert: Das Umgreifbar-Bestimmbare heißt hier das *Kategoriale* (das, was sich in die Grundeinteilungen unseres Denkens, in unsere Kategorien, fügt: was sich - dies der griechische Wortsinn - jemandem "auf den Kopf zusagen" läßt). Doch wenn das Denken - und die Wirklichkeit selbst nicht völlig in solche Teile zerfallen sollen, muß es etwas geben, das - selbst keine Kategorie - doch sie alle unterfängt und eint. Dieses Einende, das die Bestimmungen unseres Denkens und Sagens seinerseits umgreift und trägt und ihrer Ordnung allererst ermöglicht (was selbst also unser Begreifen und Aussagen übersteigt), heißt nun das "Überstiegliche", das *Transzendentale*. - Die gründende Tiefe des Eins ist transzendental. Doch spricht man von ihr, so muß das unumgänglich kategorial geschehen. Dabei geht es nicht nur um Sprechen und Denken, sondern entscheidend auch darum, sich zu ihr zu verhalten.

Die Liebenden sind nicht allein, sie stehen auch nicht nur zu anderen in unablösbarem Bezug (das werden wir im zweiten Teil des Buches zu bedenken haben), sie stehen gemeinsam dem Abgrund-Grund ihres Eins "gegenüber". Wie ist dies ihr Gegenüber-Sein zu fassen, da sie ja nicht einfach einem (kategorialen) Dritten gegenüberstehen?

Das Stichwort der christlichen Tradition für diese Frage heißt "das Verhältnis von Nächstenliebe und Liebe zu Gott". Es scheint, daß dieses Verhältnis nicht selten als Konkurrenz gedeutet worden ist, wobei in der Geschichte der (Moral-)Theologie der andere Mensch und so die Ehe überhaupt zugunsten Gottes zurücktreten mußten, bis dann im Gegenschlag die Ehe, der Partner-Bezug, in den Mittelpunkt rückte und das Verhältnis zu Gott an den Rand schob. Als läge beides in derselben Dimension.

Dadurch freilich, daß man jetzt den Unterschied von "transzendental" und "kategorial" betont, ist die Konkurrenz noch nicht überwunden. Das Dilemma kehrt in neuer Weise wieder. Zwar liegen Transzendenz und Kategorie nicht (sozusagen kategorial) neben- oder übereinander, so daß sie gewissernaßen je für sich zur Wahl stünden (es gibt nicht etwa hier Sinn und Wahrheit - dort die Worte), sie verschränken sich vielmehr so miteinander, daß wir das Transzendentale einzig - wie gesagt - in kategorialer Weise haben, wirken, angehen können und daß andererseits im Kategorialen stets Transzendentales gefaßt, gewählt und angegangen wird. (Wir haben die Wahrheit nicht "nackt", sondern allein im Wort - sei es auch nur im "inneren"; Worte hinwieder sind, was sie sind, bloß als Träger von Sinn.) Doch gerade die Verschränkung scheint eine Alternative zu stellen.

Einerseits sagt man uns: Leiste in äußerstem Ernst den kategorialen Bezug, dann wirst du auch seinem transzendentalen Grunde gerecht. Und nur so, denn glaubst du den Grund in ihm selbst angehen zu können, dann machst du ihn zum Dritten, zum Götzen (da du ihn unvermeidlich kategorial behandelst) und versäumst obendrein deine Pflicht im konkreten Bezug (wodurch du dich nochmals dem Grund gegenüber verfehlst). Rechtes Verhältnis zu Gott, wahre Liebe zu ihm ist also einfach die unverwandte Liebe zum Du.

Andererseits hören wir: Gib dich ganz in den transzendentalen Bezug, d.h., gründe dich willentlich in das Geheimnis, das dich begründet. Es hat dich aber stets schon kategorial begründet (will sagen: als gerade diesen Menschen, und in ganz bestimmten Personal-Bezügen). Indem du also den transzendentalen Bezug übernimmst, hat du auch schon dessen Kategorialgestalt übernommen. Und nur so; denn glaubst du, dein irdisches Du in ihm selbst angehen zu können, machst Du es zum Grund, zum Götzen (da du es unvermeidlich verabsolutierst) und versäumst obendrein deine Pflicht im transzendentalen Bezug (wodurch du dich nochmals dem Du gegenüber verfehlst, das zusammen mit dir in ihm gründet). Wahre Liebe zum Du ist also der unverwandte Aufblick zu Gott.

Was nun? Wenn wir dem ersten sagen, so komme Gott zu kurz, wird er uns erklären, daß wir ein falsches, allzu menschliches Bild von Gott entwerfen (als ob er ein eifersüchtiger Tyrann wäre, derAnsprüche an uns stellt). - Wenn wir den zweiten fragen, ob hier der Partner nicht nur als Durchgang auf dem Weg zu Gott gesehen werde und zu wenig in sich selbst, wird er uns entgegnen, daß wir das Wesen des Endlichen verkennen (als ob es sich nicht selber vor und für Gott "durchsichtig" machte wie im Wort die Laute für den Sinn).

Von keiner Antwort müssen wir uns einfachhin geschlagen geben, ja wir dürfen es nicht. Man könnte sie zumindest gegenseitig ausspielen und abwarten, wohin diese Auseinandersetzung sie führt. Ob sie dann allerletzt zusammenfallen oder durch immer feinere Unterscheidungen sich zum reinen Gegensatz klären: Was sagen sie schließlich für unsere "praktische" Frage nach dem konkreten Verhältnis von Nächstenliebe und Liebe zu Gott?

Gegenüber einer naiven Konkurrenzvorstellung ist die Betonung des Unterschieds von "kategorial" und "transzendental" ein unaufgebbarer Gewinn. Aber diese grundsätzliche Klärung zeigt keinen Weg zur Lösung der praktischen Problematik. Diese stellt sich gerade zwischen Du-Bezug und *kategorialem* Gottesverhältnis. Die erste Position scheidet für diese Frage aus, da sie einen solchen Kategorial-Bezug nicht gelten läßt. Die zweite Position stellt sich der Frage und benennt Christus als den eigentlichen Punkt des Ineins-Falls von transzendentalem und kategorialem Gottbezug, von transzendentaler und kategorialer Mitmenschlichkeit und damit von Mitmenschlichkeit und Gottesbezug überhaupt. Dennoch wird auch hier[3] diese Vielfalt nicht im Hinblick auf unser konkretes (kategoriales) Problem dargelegt.

Auf diesen Seiten soll - hat es geheißen - nicht disputiert und systematisch philosophiert werden, sondern erwogen und meditiert. Freilich verlangt auch das einen Einsatz, doch weniger die (Arbeits-)Anstrengung des Begriffs als die Sammlung der Anschauungskraft. ERNST CASSIRER hat dem VERGILschen Lob für LUKREZ und dessen0 *rerum cognoscere causas* (der Dinge Gründe erkennen) die "nicht geringere Aufgabe" an die Seite gestellt: *rerum videre formas* (der Dinge Gestalten zu sehen).[4] Ob schwieriger oder nicht, jedenfalls ist es nicht weniger wichtig, die Gestalt der Dinge zu erschauen, als ihre Ursachen zu erforschen. Darum geht es uns.

Wir suchen also die eine Gestalt zu erblicken, welche die (kategorialen) Bezüge zu Gott und dem Du miteinander bilden. Und in diesem Bezug der Bezüge zeigt sich nun die Vollgestalt des Gestalt-Kreises als ein "Dreispiel". Was damit gemeint ist, sei wenigstens in Grundzügen verdeutlicht.[5]

Fragen wir uns, in welcher Weise zwei Menschen, zwei Personen eins sind. Ihr bloßes Nebeneinander begründet offenbar kein Eins; entspringt es ihrem Gegenüber? Ein *Bezug* wird gewiß durch das Gegenüber gestiftet (wie übrigens auch durch ein Nebeneinander); aber stellt dieser ein wirkliches Eins dar? Es gilt zu sehen, daß Person kein klötzchenhaftes Ding ist, sondern wesentlich Geschehen; sie ist Ausgriff, Vollzug, und gerade ihr Blick bekundet dessen Kraft. Es ist zwar überschärft, wenn SARTRE jeden Blick als Angriff deutet; aber tatsächlich "greift" im Blick der andere mich "an", indem er auf mich zukommt. Er "geht" aus sich "heraus" und "geht" damit zugleich im Doppelsinn dieses Ausdrucks mich "an". Wieweit jedoch eint solcher Angang? - Das wechselseitige Zueinander zweier Ströme (d.h., zweier Selbst-Vollzüge, zweier Selbst-Ausrichtungen) läßt sie gerade im Entscheidenden, in ihrer

[3] K. RAHNER, Über die Einheit von Nächsten- und Gottesliebe, in: Schriften zur Theologie, Einsiedeln 1954ff, VI 277-298; auch: Die Ehe als Sakrament, in Schriften VIII, 519-540 (leicher zugänglich: Glaube, der die Erde liebt, Freiburg [4]1968, 85-95 u. 125-128).

[4] Was ist der Mensch?, Stuttgart 1960, 216.

[5] Siehe: Wagnis der Freude, Frankfurt/M. [3]1984, 31-53; fachlicher in der Festschrift für KARL RAHNER: Wagnis Theologie (hrsg. v. H. VORGRIMLER), Freiburg 1979, 299-310: Über die Einheit von Nächsten- und Gottesliebe - laienhaft, jetzt Kap. 14 in: Freiheits-Erfahrung.

Ausrichtung, nicht eines werden, und das vielleicht am fühlbarsten dann, wenn sie nicht nur zueinander, sondern wirklich ineinanderstürzen, ja sich völlig durchdringen.

Ströme werden nur eins, wenn ihr Strömen eins wird, wenn ihre Richtung einsinnig fortgeht. - Personen sind eins nicht im Nebeneinander und nicht im Gegenüber, sondern im *Miteins*, sie sind eins, indem sie einig sind. Das aber sagt: einig in...; ebenso sagt Stromlauf: Richtung nach...

Damit ist das Dritte genannt - und in bezug darauf kehrt nun dieselbe Übelegung wieder. - Eins sind beide ja nur, indem sie wirklich auf das Dritte zielen. (Sie täuschen sich, wenn sie es bloß als "Mittel und Weg", nur als Umweg zueinander in Kauf nehmen wollen; wenn es nicht ihre wahre gemeinsame Richtung bedeutet, kann es sie gerade nicht verbinden).

Weiter bestimmt der Rang des gemeinsamen Ziels den Rang ihres Einsseins. Wo also zwei völlig eins sind, sind sie es nicht bloß in Teil-Interessen, sondern im Grund-Zug ihrer selbst: auf eine Wirklichkeit hin, die ihrem Grund-Wesen entspricht.

Gewiß stehen sie beide in derselben Welt, sie teilen die Luft und das Brot miteinander, sie tragen die Last des Lebens vereint und entdecken vor allem zu zweit seine Freuden: schon das Sonnenlicht, das morgens durch die Jalousien fällt (das auf dem Waldboden spielt und dessen Bahnen übers Wasser glitzern), oder den Wein, über dem ein Abend zum Fest wird (das Meer, die Berge, Städte, die sie gemeinsam er-fahren); Musik, ein Bild, ein Buch, Gedichte... (die Aufzählung fände kein Ende). Doch ihr Grund-Ziel ist selbst Freiheitswirklichkeit, hat personalen Charakter; das Dritte, auf das sie ausgerichtet sind, ist im vollen Sinn *der* Dritte ihres Bundes.

Gehen nun aber beide ehrlich auf dieses ihr Du zu, dann stellt sich für den Ausgang des Versuchs zuletzt offenbar nur diese Alternative: Entweder scheitert ihr Bemühen, mit dem Dritten eins zu werden. Dann stehen sie in der absurden Situation, daß sie miteinander nur eins sein können, insoweit sie unglücklich sind (denn in dem Maß, in dem sie sich über ihre unglückliche Liebe trösten würden, verrieten sie jenes Strömen, darin allein sie eins sind). Oder sie münden mit dem Dritten in das Eins gemeinsamer Richtung; dann müssen sie nun zu dritt den Vierten suchen und so fort, prinzipiell ohne Ende. Wir stehen also erneut vor der absurden Situation unglücklicher Einheit.

Lag das Unglück eben darin, daß man nicht zum Dritten gelangt, so wird man hier immer neu über ihn fortgetrieben. - Kein Sehender wird diese Alternative für eine bloße Konstruktion erklären; es fehlt darum nicht an Stimmen, die fordern, der Ernst einer Liebe habe sich in der Klarsicht und Entschiedenheit zu bewähren, mit der sie diesen Widerspruch (den Widerspruch unserer Endlichkeit überhaupt) übernehme. Wenn ihr Glück nicht - letztlich fade - Illusion sein solle, dann werde es sie stets die Herbe dieses Wissens schmecken lassen: im Bewußtsein seiner Absurdität.

Aber die Bitterkeit wird tatsächlich als bitter geschmeckt, sie kann also nicht der Wesens-Geschmack der Realität[6] sein. Das tiefste Wissen der Liebenden wird sich darum mit solcher heroischer Resignation nicht begnügen. Es weiß von mehr und verlangt danach und läßt sich ihr Verlangen nicht als "passion inutile" (JAN-PAUL SARTRE), als "nutzlose Leidenschaft" und unreifen Tagtraum forterklären.

Tatsächlich kann man nicht eins sein, wenn diese Einheit nur die eines radikalen Unglücks ist (und "radikal", bis an die Wurzeln reichend, muß es sein; denn wäre es teilhaft, könnte auch das Eins in ihm nur teilhaft sein). - Das Musterbild des hier Gemeinten sind Paolo und Francesca im fünften Gesang von DANTES *Inferno*: "Die Liebe riß in *einen* Tod uns zwei"? Nein, wenn sie wirklich verdammt sind, das sagt, in ihrem eigentlichen Ausgerichtetsein gescheitert, in ihrem Wesen selbst zerbrochen, dann können sie nicht *vereint* im Feuersturm treiben. Das ist wirklich "nur Poesie". "Die Hölle ist das Nichtmehrlieben", macht bei GEORGES BERNANOS der Landpfarrer der Gräfin klar, die sich in ein ähnliches Traumbild einschließen will.[7]

Mit diesem Gespräch erreichen wir freilich schon eine höhere Stufe in der Selbstbehauptung der Liebe. Hier ist nicht mehr nur von Unglück die Rede, sondern von Haß (darum auch jetzt erst ernstlich von "Hölle"). Im Haß gegen den Dritten scheint man doch doch eins sein zu können; denn Haß will gerade das Darauf-zu, nicht das Miteins. Im Kampf also findet man sich, und zutiefst wird man eins im gemeinsamen Aufstand gegen den Höchsten. Die Liebenden finden sich in der Revolte.

Doch die Revolte braucht ein Weswegen. Ist es letztlich das Nichts, dann zerstört es auch ihre Einheit; wird wirklich der Haß gewollt, dann macht er nicht vor ihnen selber halt. ("Von einer Negation allein kann man nicht leben", hat Ulrich Agathe erklärt - 1673.) Revolte, die eint, vermag das einzig aus der Liebe, die sie antreibt und trägt. Auch dieser Ausweg ist also verstellt. - Wie aber kann man dann eins sein?

---

[6] Siehe oben S. 26.

[7] Tagebuch eines Landpfarrers, Frankfurt/M. 1958, 206.

Nicht im Zugriff offenbar, das hat die Besinnung unerbittlich gezeigt. Der *Hin*weg wird zum Hin*weg*,[8] das Du ist unerreichbar - in immer neuen Bildern hat der Mensch das ausgesprochen: ob es zum Gold wird wie alles, was Midas berührte, ob es sich in Lorbeer verwandelt wie Daphne oder in Traumschleier auflöst: "Wer allzuviel umarmt, der hält nichts fest."

Wie früher Ulrich zu Agathe, so sagt mit diesem Wort die Marschallin zum Rosenkavalier mehr, als sie meint. Es geht ja nicht nur um ein Zuviel. So unumgänglich diese Überlegung ist und man die Ordnung der Klugheit niemals ungestraft verletzt: hier, wo die Liebe alles will, verleugnet und mißachtet sie zwar diese Ordnung nicht, hat sie aber als zweitrangig überstiegen; jetzt steht Grundsätzliches zur Frage.

Grundsätzlich gilt also, daß wer ergreift, nicht faßt. Es gilt zu lassen. Und dies nicht in trotzigem oder resignierendem Rückzug auf sich; denn man soll alles lassen: auch sich selbst. Und man hat nicht nur alles zu lassen, sondern alles ganz, das heißt: mit allen Hintergedanken falscher Ergebung. Soweit das Lassen "Kriegslist" wäre, würde noch Krieg herrschen, und dieser ist, wie sich zeigte, nie zu gewinnen. Wenn Friede sein soll, dann muß er sich schenken.

Hier melden sich also wieder Gedanken zu Wort, auf die wir schon früher, am Ende des ersten Kapitels, geführt worden sind. Und wieder erhebt sich die Frage (die wir dort unterdrückt haben), wie solche Selbst-losigkeit denn vom Selbst gelebt werden könne (wie man sich derart zu lassen vermöchte, daß man auch dieses Lassen noch lasse). Jetzt soll sie wenigstens formuliert sein, doch zugleich erneut verschoben werden.

Nicht, daß sie kein wahres Problem stellt; doch die Gestalt hat es je schon gelöst. Sie ist, was GOTTFRIED BENN *(Ein Wort)* von Wort und Satz gesagt hat: "erkanntes Leben, jäher Sinn". Das heißt, sie erklärt und erläutert nichts, aber sie ist: als "Glanz der Wahrheit". Nach wie vor wissen wir nicht zu sagen, wie sie möglich sei, doch wir erfahren glücklich ihre Wirklichkeit. Wer sie nicht erfährt, wird sie uns wegerklären wollen, und sein Grundargu-

---

[8] Am Schluß der siebten seiner *Duineser Elegien* sagt RILKE zum Engel, den er anruft: "... Du kannst nicht. Denn mein / Anruf ist immer voll Hinweg" (Sämtl. Werke [Anm. 2] I 713). Dabei fordert der Rhythmus, "Hin*weg*" als *Hin*weg zu lesen, und die Fortsetzung gibt dem Recht. Aber gerade sie erklärt, daß dieses "Entgegen" den Kommenden anhält; die Bewegung des Hinwegs wirkt sich zugleich als Geste der Abwehr aus. Von daher bestehen Erklärer dieser Dichtung auf der Betonung Hin*weg*. Im Gegenrhythmus wird dann die ganze Härte der Absage spürbar. Wie man sich auch beim Lesen der Zeile entscheidet, jedenfalls ist der *Hin*weg gleich ein Hin*weg*, das "Entgegen" wirkt zugleich als drängendes "Dawider". Der Dichter hat eine Sprache hoher Stilisierung gewählt; doch kann man die Verse deswegen nicht schon als lebensfern abtun. Wird darin nicht überdeutlich, was man sonst sich nur zu gern verbirgt?

ment ist gewiß ihre Unmöglichkeit. Doch der Beschenkte spielt nicht bloß mit Paradoxen, wenn er entgegnet, der Einwand gerade benenne den Quell seiner Seligkeit:

> Ist's möglich, daß ich Liebchen dich kose
> Vernehme der göttlichen Stimme Schall!
> Unmöglich scheint immer die Rose,
> Unbegreiflich die Nachtigall.[9]

So auch hier. (Und wer ist noch nie einem selbstlosen Menschen begegnet, ja fand nicht sich selbst - wenn auch nur in seltenen Augenblicken der Gnade - zur "Gelassenheit" befreit?)

Stellen wir also die Frage des *Übergangs* zur Gelöstheit zurück und blicken wir auf das, was im Raum *eröffneter* Freiheit ineinanderspielt. Dieses Geschehen war in der Rede vom Dreispiel gemeint. Das Bild von Strom und Strombett ist darin überstiegen und damit die *Alternative* von Gegenüber und Miteins. Was hier ineinanderspielt, sind drei *Wir*, und jedes Wir ist ist selber ein Spiel von Bezügen. Um es zunächst in einer "Struktur-Formel" auszudrücken: Jedes Wir ist die höhere Einheit von Ich-Du-Gegenüber der beiden, Wir-Er-Miteins (als Öffnung ihres Gegenüber) und Wir-Du-Bezug (als Erfüllung dieses Miteins-seins - und diese Erfüllung bestätigt nun wieder ihr erstes Ich-Du).

Zwei Beispiele sollen die prägnante Formel erläutern. Das erste im Negativ-Bild; es stammt aus dem ein wenig prekären Buch HANS CAROSSAS *Geheimnisse des reifen Lebens*. Angermann, bei zwei Freundinnen zu Gast und Geliebter der einen, erhält von beiden eine kostbare Porzellantasse zum Geschenk - und zerbricht sie. Man glaubt - auch er möchte glauben - aus Unachtsamkeit; doch er weiß es besser: "Wollen wir ihm nicht eine schenken? Dieser wohlwollend gelassene Ton, was für eine wunderbar unverbrüchliche Seelen- und Gütergemeinschaft ließ er mich spüren! Wie war ich entzückt und verletzt! Aus jedem Gespräch der folgenden Tage hörte ich nur immer dieses wir - wir - wir, und wie einer, der auf seiner Haut rote Tupfen entdeckt, es aber nicht glauben kann, daß er angesteckt sei, so mußte ich mich endlich fragen: leidest wirklich du selbst an dem Übel, das du bei den andern oft so wenig mild beurteilst?"[10]

Und nun der Gegentext zu dem Bekenntnis eines Eifersüchtigen, aus dem Buch *Vier Arten der Liebe* von CLIVE STAPLES LEWIS, jenem Essayisten und "Romancier der unerbittli-

---

[9] J. W. V.GOETHE, West-östlicher Diwan (Buch Suleika), Hamburger Ausg. II 64.

[10] Ges. Werke, Frankfurt/M. 1979, I 564, 574f.

chen Liebe" (HELMUT KUHN), zu dem (von den Kinderbüchern angefangen) wir gern jeden überreden möchten. Der Text ist seinerseits ein Zitat: "LAMB sagt irgendwo, wenn von drei Freunden (A, B und C) A sterben sollte, verliere B nicht nur A, sondern auch A's Anteil an C, während C nicht nur A verliere, sondern auch A's Anteil an B... Ich allein bin nicht umfassend genug, um den ganzen Mann in Bewegung zu setzen; ich brauche noch andere Lichter als nur mein eigenes, damit alle seine Facetten aufleuchten."[11]

Beides erhellt, einander ergänzend, unsere "trinitarische" Formel der ineinander spiegelnden Wir. Nicht gehen je zwei auf den Dritten zu (oder gar "los"), sondern sie nehmen ihn an und auf, räumen ihm einen Ort ein, lassen ihn sein und sich entfalten. Sie erfahren ihr Eins in diesem Dienst und Entzücken an ihm *und* sie freuen sich um seinetwillen, daß sie zu zweit ihm reicheren Raum geben können. - Er wiederum findet im Raum ihrer Liebe nicht nur sich selbst und entfaltet sich in ihrer Zukehr, sondern er freut sich zugleich, in seinem Beschenktwerden ihrem Schenken, d.h., ihrem Einssein, zu dienen.

Spiegelt also hier schon eins ins andere, so verviefältigt sich das Spiel dadurch, daß jeder mit jedem sich zum Wir gegenüber dem jeweiligen Dritten verbindet. Indem sich nämlich der Dritte am Eins der Liebenden freut, will er die Freiheit jedes der beiden; er teilt so mit jedem von ihnen den Dienst und die Freude am andern und wird in dieser gemeinsamen Liebe mit ihm eins. Keiner wird so dem anderen zum bloßen Weg, zum dienlichen Mittel (man liebt keineswegs, wie nicht selten verlangt worden ist, durch den andern "hindurch"). Doch jeder vermittelt selbstlos die Einheit der andern, indem er als "Freund des Bräutigams" wirkt (Joh 3, 29). Eben so aber feiert - auch wenn es ungereimt klingt - jeder der drei seine eigene Hochzeit im Dreispiel.

Dennoch verlangt dieser Austausch nicht die Gleichrangigkeit der drei Spieler, sondern nur dies, daß ein jeder sich rückhaltlos auf ihn einläßt. Das gilt für das menschliche Paar (erinnern wir uns an den "solidarischen" Ausgleich im Gestaltkreis-Geschehen), erst recht aber für ihre Stellung zu Gott. Darauf zielte ja unsere Frage: auf das Verhältnis von Gottesliebe und Liebe zum Partner. Gott, sahen wir, ist nicht einfach bloß Partner; man darf ihn nicht nur als den (kategorialen) Dritten sehen; denn dann erhöbe sich von neuem die Frage nach dem gründenden Eins dieser Dreiheit. Gott ist (transzendentaler) Grund und Abgrund des Bezugs - doch dies eben so, daß er sich selbst zum Partner macht.

---

[11] Vier Arten der Liebe, Einsiedeln 1961, 94f.

Die Würde Seiner (wie aller) Freiheit wahrt man nicht damit, daß man von sich aus bestimmt, worin sie bestehe und wie sie zu wahren sei, sondern dadurch, daß man ihr Raum gibt, selbst sich so zu zeigen, wie sie will. Gott zeigt sich als Partner, als unser Du; nicht erst als der "Gott und Vater Jesu Christi", sondern schon als Schöpfer von Freiheit. Den Menschen "macht" er ja nicht bloß; er schafft ihn als Freien, indem Er ihn *anruft*. Wenn *Gott* sich nun in solchem Ruf als unser Du offenbart, dann geht es nicht an, *vorbei* an dieser Offenbarung nach dem "wahren", eigentlichen, "göttlicheren" Gott zu greifen, sondern dann will Er *in* diesem Bezug empfangen sein. Gewiß kann man solches Sich-geben in ein Haben verkehren, und der Mensch tut das immer wieder, in Denken und Leben - wie er überhaupt die Liebe rasch zum Besitztitel macht; aber der Mißbrauch berechtigt nicht dazu, die Wirklichkeit und den Ernst der Gabe zu leugnen. Wer sie so nimmt, wie sie gegeben wird (und dieses Nehmen wird mit ihr nochmals gegeben), der erfährt Gott als den wahrhaft unverfügbar Souveränen; denn er erkennt, daß man ihn nur in Seiner Gabe (seinem Geben, seiner "Selbstmitteilung") und nie anders finden kann. Er erfährt so Gott als jenen, den man *wirklich* in diesem Sich-Schenken findet (der nicht irgendwie "dahinter" bleibt), der aber zugleich darin nicht aufgeht, der in seiner Hingabe sich nicht "aus-" und "aufgibt", der sich zeigt als ihr Grund und Abgrund zumal.

Es bedurfte dieser Klärung, um dem naheliegenden Einwand zu begegnen, unsere Rede vom Dreispiel werde, auf Gott angewandt, zu ehrfurchtslosem "Anthropomorphismus". Wenn sie anthropomorph, vermenschlichend ist, dann darum, weil Gott selbst sich menschlich zeigt (zuhöchst in der Menschengestalt seines Sohnes). Der Gefahr, ihn *bloß* menschlich zu nehmen, muß man sich freilich bewußt sein. Darum der Hinweis, das Spiel verlange nicht die Gleichrangigkeit seiner Spieler.

Wo es mir nicht um mich, sondern um den anderen geht, ist es nicht Grund zur Eifersucht, sondern zur Freude, wenn er vom Dritten erhält, was ich nicht geben kann. Das gilt schon im rein menschlichen Bezug, am deutlichsten in der Freundschaft (in welchem Sinn es für die Ehe gilt, ist noch zu bedenken). In bezug auf Gott gilt es in vollendeter Weise; Er ist ja der Grund unseres Eins. Die Versuchung zur Eifersucht wird darum hier vielleicht am ehesten verständlich, zugleich aber entlarvt sie sich auch nirgendwo so unzweideutig als Torheit und Selbstwiderspruch.

Gott ist jener, der allein im vollen Sinn "sein läßt"; nur Er ist vollkommen frei, ohne jegliche Not, die ihm ein anderer zu wenden hätte (während uns stets andere notwendig sind).

Seine Freiheit ist darum rückhaltlos freigebig, d.h., sie gibt uns derart frei und schenkt uns in solchem Maße einander, daß wir erst aus Seiner Kraft einander freigeben und uns beschenken können.[12] Nur mit Gott kann ich den anderen so lieben, wie ich seinetwegen will, und nur mit Gott kann er mich so lieben, wie ich seinetwegen wünschen sollte. Dann aber sollen auch wir zusammen Gott "aus ganzem Herzen" zu lieben versuchen - Seinetwegen -, um in solchem Dank so eins zu werden, wie Er unsertwegen will.

Damit ist die Besinnung in ihr Ziel gelangt. Es bedarf wohl keiner weiteren Worte, um deutlich zu machen, wie solches Dreispiel - und dieses allein - die nagende Langeweile nicht kennt, die wir als ein erstes verborgenes Zeichen des Ungenügens bloßer Zweiheit entdeckten.

Die dreifache Tiefe ist unauslotbar, das Spiel ohne Ende, und doch weit entfernt von der ermüdenden Öde ständigen Wechsels. Immer neu zeigt sich das Selbe, und das Selbe zeigt sich immer *neu*. "Neu" im doppelten Sinn: "anders", ungeahnt - und unveraltet, "morgendlich" zumal. Die Gestalt des Bezugs hält sich in lebendiger Schwebe. Sein Schwung kreist und steht.

Dieses Grund-Gesetz erfüllter Freiheit ist nun das freie Gesetz ihrer vielfachen Lebensgestalten - und die Maßgabe ihrer Hoffnung auf deren end-gültige Vollendung.

---

[12] Vgl. WALTER KERN, in: Mysterium Salutis II 497f: "*Libertas = liberalitas.*" - Man hat ja gesagt, um einander helfen zu können, dürften Liebende sich nicht zu innig lieben. Kein Arzt heilt sich selbst. Man darf nicht "eins" mit dem sein, dem man beistehen will. Andererseits lieben wir stets noch zu wenig, um uns genügend zu helfen. - Auf der Ebene bloßen Ich-Du-Gegenübers zeigt sich tatsächlich kein Ausweg aus diesem Dilemma. Doch im Dreispiel wird es gelöst; denn erst hier bietet sich ein "Standpunkt außerhalb" an, der gleichwohl weder Standpunkt (da alles schwebt) noch einfach außen ist (gehört doch der Dritte selber ins Spiel). So aber fällt der Unterschied von Einheit und Distanz dahin; die Einheit selbst befreit, und umgekehrt ist es die Freiheit selbst, die eint.

II. LEBENSGESTALTEN

Das Eins der Grundgestalt war als die Einheit zweier, ja "dreier" zu bedenken; darin lag die Schwierigkeit, daran hängt aber auch ihr Leben. Ein Eins ohne innere Spannung wäre noch minderen Ranges als der atomar und inner-atomar verspannte "tote" Stoff.

Dennoch stand bisher vor allem die Einheit im Blick. Nun muß auch dem Unterschied sein Recht gegeben werden. Nicht erst aus der Erfahrung, daß die Grundgestalt stets nur in unterschiedlichen *Gestalten* wirklich wird; damit das möglich sei, muß der Unterschied vielmehr schon *in* ihr wirksam sein und ernst genommen werden. Im ersten Kapitel haben wir ein Wort HEGELS zitiert, wonach das Leben sich erst am Tode bewährt.[1] Dieser Tod darf aber nicht bloß als die Selbstbegrenzung der Gestalt an ihren "Außenflächen" (als das Ja zur eigenen "Kontur") verstanden werden. Er ist nicht bloß sozusagen um sie herum; er ist *in* der Gestalt; sie hat sich nicht *an* ihm, sondern in ihm zu bewähren. HEGEL verdeutlicht darum den angeführten Satz, indem er fortfährt: "Er [der lebendige Geist] gewinnt seine Wahrheit nur, indem er in der absoluten Zerrissenheit sich selbst findet."

Von diesem Riß der Entfremdung, der Fremdheit zwischen den Geschlechtern, muß daher zuerst die Rede sein; denn er prägt alle weiteren Lebensgestalten. Gleichwohl wird sich zeigen, daß - eben wenn man mit ihm Ernst macht - der Riß erst in diesen zweiten Teil des Buches gehört (ja, daß man umgekehrt nur mit ihm Ernst macht, wenn man ihn nicht als Grundgestalt nimmt). Unterscheidung gehört freilich, wie gesagt, zum Wesen von Leben und Liebe; wenn aber Fremdheit nur *eine* Weise von Unterschied darstellt (und eine solche, die man keineswegs für notwendig zu halten hat), wenn sie also nicht das erste Wort ist, dann muß sie auch nicht das letzte sein.

In ihrer schmerzlich unbestreitbaren Erfahrung trifft uns zugleich der Aufruf, sie fruchtbar werden zu lassen. Indem man sie weder verleugnet noch sich ihr - sentimental oder zynisch - ergibt, indem man sich darauf einläßt zu leben, läßt man das Leben und den unableitbaren Reichtum seiner Gestalten zu.

---

[1] S. 18[3] (Phänomenologie).

1. Ernst des Unterschieds

Man hat von einer katholischen Ideologie gesprochen - und es gibt sie, nicht nur katholischerseits - , die uns die Ehe als Paradies auf Erden vorstellen wolle. Vom irdischen Paradies zu reden heißt zwar nicht schon Ideologie betreiben; das Wort mag durchaus bestimmte Erfahrungen aussagen (nicht nur der Liebe, sondern auch der Kunst, des Denkens und so fort), für die ein anderer bei all seiner Gescheitheit blind ist. Doch müssen dann wirklich beide Glieder des Ausdrucks zum Zug kommen: auch das "irdisch". Statt also den Vorwurf gleich systematisch unterzubringen und ihn dialektisch in einem "Gewiß doch - aber" aufzuheben, sollten wir uns von ihm auf die Realität stoßen lassen. *Sie* ist es ohnehin, die uns zu-stößt, und gegenüber dem (letztlich vergeblichen) Bemühen, ihrem Anstoß auszuweichen, will gerade unsere "Vergegenwärtigung" sich (das heißt: uns) ihm stellen.

Traum ist die Situation, in der das Bizarrste, obwohl es entzücken und ängstigen kann, uns nicht verwundert. Erst wer erwacht, den trifft das Fremde (mitunter freilich so hart, daß es ihn betäubt und er dann zu träumen vermeint). Welche Verliebtheit erfährt nicht die Stunde solchen Erwachens?

Der Fremde war von alters her der Feind. Darum bedurfte es der strengen Gesetze des Gastrechts. Das Fremdeste aber scheinen sich die Geschlechter zu sein. Fremder ist, wer nicht dieselbe Sprache spricht. Und es reicht über einen geistreichen Einfall hinaus, wenn in der *Strudlhofstiege* der bedrängte René Stangeler erklärt: "Man müßte zwei verschiedene Wörterbücher anlegen, ein weibliches und ein männliches..."[1] Als sei es mit dem Wörterbuch getan - oder auch dann mit der Grammatik dazu. Von wem zudem geschrieben? Und wer erst verfaßt ein Werk über die "innere Form" jeder dieser Sprachen?

Tatsächlich gibt es ja nicht wenige solcher Bücher. Vorwiegend von Männern geschrieben. Und will man seine eigene Klassifikation auf ihn anwenden, dann dürfte das männlichste Buch OTTO WEININGERS *Geschlecht und Charakter* sein, das, von dem 23jährigen Autor 1903 veröffentlicht, in zehn Jahren fünfundzwanzig Neuauflagen erlebte und die Frau gleichsam zum existenten Nichts erklärte.

Die scharfsinnigste Verteidigung, nicht gegen WEININGER, sondern grundsätzlich dagegen, daß die Frau vom Mann - als das "zweite", das "andere Geschlecht" - beurteilt und fest-

[1] H. V. DODERER, Die Strudlhofstiege, München 1966, 498.

gelegt werde, hat in unserer Zeit SIMONE DE BEAUVOIR unternommen; nicht ohne dafür ihrerseits den Vorwurf der Unweiblichkeit hören zu müssen.

Umgekehrt hat man die weibliche Sicht auf den Mann aus den Helden der von Frauen geschriebenen Romane zu ermitteln gesucht. - Doch es bedarf hier weder des Hinweises auf wissenschaftliche Analysen noch der Erinnerung an die kulturhistorische Forschung: an die Schilderung mutterrechtlicher Kulturen mit ihrem erschreckenden Doppelantlitz von Fruchtbarkeit und verschlingender Blutgier (symbolisiert im Bildkomplex der Großen Mutter), an die nicht minder doppelgesichtigen Männergesellschaften mit ihrer Mißachtung des Lebens und ihrem Willen zu staatlicher Ordnung (symbolisiert in den Gestalten ihrer Herrengötter). Wir müssen darum dieses noch recht grobe Schema auch nicht ausarbeiten und können ebenso auf die Frage verzichten, wieweit in den Gottheiten das *Selbst*verständnis des bestreffenden Geschlechts, wieweit seine Deutung durch das *andere* ausgesagt ist.

Die Liebenden erfahren ihre abgründige Fremdheit genugsam an sich selbst. Sie erleben immer wieder, wie auch der bemühteste Versuch, ein Mißverstehen zu durchstoßen, scheitert, ja es gerade vervielfacht und vertieft. Dies am schmerzlichsten dann, wenn es nicht um irgendeine sachliche Entscheidung geht, sondern ausdrücklich um sie selbst, um ihre Liebe. Und dies erneut niemals so schmerzlich wie dort, wo hinter allen "Differenzen" sich jene Differenz wie ein Abgrund auftut, die nicht willentlich, durch Worte, im Ergebnis einer "Aussprache" bewältigt werden kann (die man so nicht überwindet, sondern im besten Fall "überbrückt").

Auf diese Differenz zielt das Bewußtsein, daß kein gesprochenes Wort so schmerzlich sein kann wie die nicht gesprochenen, jene Worte, die man mit ganzer Seele erwartet und doch niemals provozieren darf; denn dann wären es nicht die ersehnten - und obendrein hätte man damit endgültig die Möglichkeit zerstört, sie doch noch frei gesagt zu bekommen.

Screwtape bringt in einer seiner Dienstanweisungen an den Unterteufel Wormwood die Differenz auf die Formel, eine Frau verstehe als Selbstlosigkeit hauptsächlich: sich um anderer willen zu mühen; ein Mann verstehe darunter: andere nicht zu bemühen. Darum werde mühelos jedes Geschlecht das andere als "im Grunde" selbstsüchtig ansehen.[2] - Die Formel ist so klar wie simpel. Aber man nehme sie nur zum Anlaß einer Diskussion, um die Er-

---

[2] C. S. LEWIS, Dienstanweisung an einen Unterteufel, Freiburg 1968, 112 f. - Vgl. H. v. HOFMANNSTHAL, Buch der Freunde (S. 7[5]) 30: "Die Manieren ruhen auf einer doppelten Grundlage: dem andern alle Aufmerksamkeit erweisen, sich selber nicht aufdrängen."

fahrung zu machen, wie tief sie reicht. - Fruchtbarer wäre es freilich, sie zum Anstoß der (einsamen wie gemeinsamen) Besinnung zu wählen.

Deren Gang würde die anfänglich entgegengesetzten Positionen vielfach verschränken, die Rollen auch einmal vertauschen; aber wie viel der eine auch aus seinem Wissen um den anderen und dessen Erwartung in sein Handeln übernimmt, so gut er die "Sprache" des Partners erlernt (bis hin zu der Fähigkeit, in ihr denken zu können), es wird doch nicht seine: Der Riß ist nicht zum Verschwinden zu bringen, er trennt noch die innigste Umarmung.

Stellt man sich der Abgründigkeit dieser Fremdheit, dann fällt es leicht, jene Deutung der Homosexualität zu übernehmen, die sie als Flucht vor dem Fremden, vor der Drohung des andern interpretiert: sei es vor dem "gedankenlosen" Zugriff und Einbruch des Mannes, sei es vor dem "hintergedanklichen" Einlassen und Festhalten der Frau. Inwieweit kann nicht schon im "Normalfall" das Zusammensein mit einem Freund, einer Freundin des gleichen Geschlechts so etwas wie Urlaub von der "Fremdsprachlichkeit" des Ehelebens bedeuten?

Andererseits kennt man die eigentümlichen (oft kaum bewußten) Spannungen, die sich gerade hier ergeben und von denen das Verhältnis zwischen den Geschlechtern frei ist. Die Frage spitzt sich zu der traditionellen Alternative zu: Wird Gleiches von Gleichem (zuhöchst jeder nur von sich) oder von Ungleichem (also vom anderen) erkannt? Versteht nur ein Mann einen Mann im Grunde, oder kann nur eine Frau ihn eigentlich erkennen? Verstehen nur Frauen einander in Wahrheit, oder wird eine Frau im tiefsten nur vom Mann erkannt?"[3]

Natürlich sind derart pauschale Fragen ärgerlich. Wo ist *die* Frau, *der* Mann? Steht nicht zudem zwischen *Ich* und *Ich* überhaupt - und nicht erst zwischen den Geschlechtern - jene Fremdheit, die zu der Frage geführt hat? - Das zweite ist jedoch in die gestellte Frage ausdrücklich mit aufgenommen: Wird man von sich oder vom anderen "besser" erkannt? Gerade von hier aus wollen wir sogar den Weg zu einer Antwort suchen.

Und was den ersten Einwand betrifft, so spricht sich in unserer Frage tatsächlich die Überzeugung aus, daß trotz aller Verschiedenheit von Mensch zu Mensch und trotz der Unterschiede zwischen ihresgleichen bei Männern wie Frauen schon in derselben Gesellschaft, erst recht in verschiedenen Kulturen, daß also trotz dieser vielfach sich kreuzenden Differenzen die Grund-Differenz in der Ur-teilung der Geschlechter besteht.

---

[3] Für die zweite Ansicht (verbreitet ist ja die erste) vgl. etwa D. v. HILDEBRAND, Die Bedeutung von Mann und Frau füreinander außerhalb der Ehe, in seiner Aufsatzsammlung: Die Menschheit am Scheideweg, Regensburg 1954, 127-145, 133.

Wir brauchen nicht inhaltlich zu bestimmen, was nun männlich, was das Weibliche sei. Das gelingt ohnehin nur in Grenzen, weil die Verschiedenheiten sich vom Bleibenden nicht säuberlich abheben lassen, und zwar nicht aus Mangel an Scharfsinn, sondern weil sie in sich selbst nicht trennbar sind. Wollte man einen *Begriff* von Mann und Frau herauslösen, so wäre der gerade nicht *der* Mann oder *die* Frau. Diese *Wirklichkeit* aber (die der Begriff nie ganz erfaßt) gibt es nur als *die* Männer und die Frau*en*. Sie sind dasselbe: Mann beziehungsweise Frau (aus diesem Grund ist unsere Frage nicht sinnlos); aber sie sind es niemals auf die *gleiche* Weise, sondern immer anders, und dieses Anderssein ist keineswegs belanglos. (Ebenso nämlich, ja zuvor sind Mann und Frau dasselbe: Mensch, jedoch nicht auf die gleiche Weise, sondern eben männlich oder weiblich. Und ist dieses Anderssein, das jeden bis ins Innerste durchprägt, etwa nur beiläufig? Anderseits bildet es keinen Art-Unterschied und entzieht sich schon darum korrekt begrifflicher Fassung.) Trotzdem aber, ja gerade so bleibt das, was sich je anders zeigt - und was darum auch immer anders *ausgesagt* werden muß -, durch alle Unterschiede hin dasselbe: Mann und Frau.

Mag, was man im einzelnen als männlich oder weiblich aufzählt, von der jeweiligen Kultur und Gesellschaft bedingt sein, der biologische Unterschied mit der daraus folgenden fundamentalen Aufgaben-Teilung zwischen Mann und Frau besteht fort; und er weist seinerseits auf eine Polarität im Personalen zurück, noch vor einer "philosophische[n] Entscheidung darüber..., ob Weiblich-Männlich nur ein induktiv-empirischer Begriffsunterschied ist oder aber ein schon mit dem Wesen des Lebendigen selbst gesetzter *Wesensunterschied.*"[4] Es ist diese Polarität, die allen möglichen Variationen vorauf- und zugrunde liegt und die das menschliche Dasein (auch "vor Gott") grundlegend prägt.

Nach dieser Klärung fragen wir also: Erkennt der Mann (die Frau) grundsätzlich seines-(ihres-)gleichen oder den anderen besser? Auch wenn die vorherigen Einwände beantwortet wurden, scheint die Frage als müßig erwiesen durch das unentschiedene Hin und Her der Antworten darauf. Gerade so aber kann sie sich als "Angel" dieses Hin und Her erweisen; in ihr tut sich eine Tür auf: Ihre Alternative führt zu einem höheren Blickpunkt.

HANS-GEORG GADAMER hat in anderem Zusammenhang dieselbe Problematik behandelt. Er stand vor der wissenschaftstheoretischen Frage, ob der Historiker (besonders auch der Kunstgeschichtler) ein Geschichtsereignis (beziehungsweise ein Kunstwerk) besser ver-

---

[4] M. SCHELER, Vom Umsturz der Werte, Bern [4]1955, 206 (Zum Sinn der Frauenbewegung).

stehe als dessen Urheber oder weniger gut. Und er hat den Streitpunkt dahin entschieden, daß die Frage ungemäß gestellt sei. Der Deutende verstehe das Werk (oder Geschehen) weder besser noch weniger gut als sein Schöpfer, sondern anders. Und beider Verständnis erst mache die Voll-Wirklichkeit eines Werkes aus. So wie die Wahrheit und Wirklichkeit eines Gesprächs nicht in der Meinung des einen oder anderen allein, sondern im unvorhersehbaren Gang der Unterredung bestehen (so daß zwar Mißverständnis und Irrtum möglich und von jedem der beiden feststellbar sind, der Wahrheit aber nicht eigentlich Standpunkte entsprechen, sondern der eine-gemeinsame Weg des Gesprächs), so wird ein Werk erst (vollends) wirklich in seiner "Wirkungsgeschichte".[5]

Diese Antwort gilt nun auch für unsere Frage. Nicht nur sein Werk, sich selbst erkennt und versteht der Mensch allein im Dialog. Was anders sollte sonst "Ergänzung" heißen? Das Gleiche kann das Gleiche nicht ergänzen, es könnte einzig sein Teilsein verdoppeln; nur das andere ergänzt es wirklich - aber eben nicht zu sich, sondern zum Ganzen.

Der Mann sieht sich mit seinen Augen und mit denen seiner Frau, und gerade in ihrer Unrückführbarkeit gehen beide Sichten zu dem einen zusammen, das keiner von ihnen sagen und erfassen kann, das sie aber meinen und worin ihre Teilsicht ans Ziel konunt. Das gleiche gilt von der Frau. Jeder erkennt den anderen mit seinen und mit des anderen Augen, jeder blickt auf sich mit seinem eigenen Blick und mit dem Blick seines Partners. Jeder weiß, daß er den Blick des Partners nur auf seine Weise übernehmen kann, daß er sich nie im Ernst an dessen Stelle setzen, also auch nicht einen übergeordneten Standpunkt einnehmen kann; aber eben so wirkt er mit ihm zusammen, in einem Vollzug, den keiner der beiden allein "dirigiert". Und nur ein derartig gemeinsames Erkennen wird für beide fruchtbar (entsprechend dem Vollsinn, den der biblische Sprachgebrauch dem Wort 'erkennen' gibt). Die Bilder des zweiten Kapitels stellen sich ein: von der gemeinsamen Arbeit und vom gemeinsamen Tanz. Hinter der Fremdheit erscheint die Andersheit, ohne die es keine Liebe gäbe und aus der sie "immer neu dieselbe" ist.[6]

Löst sich also derart alle Differenz in Harmonie auf? - Man muß zwar darauf entgegnen, daß Harmonie die Differenz gerade einschließt: als Zusammenklang von Unterschiedenem; doch wir bleiben bei der anfänglichen Absage an ideologische Verklärung.

---

[5] H.-G. GADAMER, Wahrheit und Methode, Tübingen ²1965, besonders 261-275, 284ff.

[6] Siehe S. 37.

Mann und Frau sind füreinander kein "Ganz-anderes", sie sind ebensowenig sich gleich. Sie sind, hieß es, dasselbe: Mensch, auf ihre je andere Weise. Doch auch dieses Anderssein im selben (ihre "Polarität") erfahren sie nicht so, wie sie es ersehnen und etwa im Kunstwerk vor sich sehen: als Harmonie. Ihr Anderssein wird vielmehr rätselhaft getrübt durch eine Selbstentfremdung, in der sie eher gleich sind, nämlich gleich "verstimmt" (als werde der reine Bezug eines Akkords dadurch gestört, daß beide Töne "unsauber" sind. Diese Unsauberkeit, die ihnen gemeinsam ist, verhindert ihre klare Andersheit, aus der erst ihre Ein-Gestalt erstehen könnte).

In *diesem* Zusammenhang sollte man das viel verwendete Wort aus dem Epheserbrief (5, 32) bedenken, wonach "das Geheimnis groß ist... im Blick auf Christus und die Kirche". Die Würde, die man hier zumeist im Auge hat (vor allem überdies als die des Mannes) ist "nicht in jenem Gatten am umfassendsten verkörpert, der wir alle zu sein wünschten, sondern in jenem, dessen Ehe am meisten einer Kreuzigung gleicht; dessen Gattin am meisten erhält und am wenigsten schenkt, seiner am unwürdigsten und von ihrer bloßen Natur her am wenigsten liebenswert ist".[7] Denn so steht es mit der Kirche (das heißt: uns), die Christus liebt und für die er (Eph 5, 25) "sein Leben hingegeben hat".

Wichtig ist nur, daß entgegen dem Wortlaut des Briefes diese Abbildlichkeit *niemals* so besteht, daß einer Christus, der (oder vielmehr: die) andere die Kirche darstellt. Vielmehr bilden beide zusammen (im "Gestaltkreis") die eine Gestalt "Christus-Kirche". Diese Einheit reicht so tief, daß beide "Rollen" nicht nur zwischen den Partnern, sondern auch in einem jeden von ihnen sich nicht scheiden lassen: Nie, auch im kleinsten und klarsten Fall, "stirbt" einer unschuldig, wenn er zu leiden hat; niemals darf einer von beiden sagen, was nur Christus vermochte (Joh 8, 46): "Wer von euch kann mich einer Sünde zeihen?"

Sind also beide immer die Kirche, nicht der erlösende Herr, so sind sie andererseits gerade dann auch immer schon erlöste Kirche: zur Liebe befreit und dazu berufen, ihr Leid, das sie nicht unschuldig tragen, doch mit Seinem unschuldigen Leiden zu verbinden. Ihre Erlösung gipfelt in dem Angebot, "mit Ihm und in Ihm und durch Ihn" nun selbst zu erlösen.[8]

Was hier die christliche Botschaft ausdrücklich sagt, muß aber nicht nur als fremde Kunde angehört und übernommen werden. Sollte nur von den zentralen Glaubensdaten gelten,

---

[7] C. S. Lewis, Vier Arten der Liebe (S. 35) 159.

[8] Kol 1, 24.

daß uns verkündigt wird (Apg 17, 23), was wir, zwar unwissend, doch schon verehren? Nein, die Botschaft betrifft uns, weil sie wirklich *uns* trifft, unser Erwarten; weil sie nichts Fremdes sagt, sondern mit göttlicher Vollmacht bestätigt, was wir schon immer ersehnen, aber kaum zu hoffen wagen; weil sie die Wachträume zerschlägt, in die wir aus der Hoffnung fliehen, um diese Hoffnung in der ganzen Strenge ihrer Freude aufzurichten.

Wir wollen also nicht in irgendeine Idealität ausweichen. Wir behaupten nur, daß der Naturalismus die Wirklichkeit nicht weniger verfehlt. Eine Sicht, die im Menschen nur das Allzumenschliche sieht, ob zynisch oder resignierend, zeigt sich zuletzt als Haß, sei er dem Hochmut, sei er enttäuschter Liebe entsprungen. Die Scharfsicht des Hasses aber ist zugleich in einer Weise blind, daß man versucht ist, ihm die Blindheit der Verliebten vorzuziehen - nicht, weil sie lieblicher ist, sondern gerade um der Wahrheit willen: weil im Traum der Verzauberung doch schon die Grund-Wirklichkeit lebt und sich auswirkt,[9] während ihr Leben unter dem sezierenden Blick des Hasses erstarrt.

Lebendig *und* klar aber bietet sie sich dem Auge der Liebe. Dies Auge ist Glaube und Hoffnung - nicht fachtheologisch, sondern noch "offen", "menschlich" verstanden: Glaube und Hoffnung als Eröffnung für die Tiefendimension der sogenannten Realität.[10] Das ist weder "mystisch" noch poetisch gemeint, sondern in Strenge. Hier wird darum auch nicht vom Riß des Negativen ab- und weggesehen, noch wird versucht, ihn gleich mit "letzten" Antworten zu verdecken. Die Liebe verweigert den Trost der Beschwichtigung. ("Ein geflickter Strumpf" sei "besser als ein zerrissener; nicht so das Selbstbewußtsein", hat HEGEL sich drastisch notiert.[11]) Aber gerade so erscheint im Riß die Einheit.

Das sei zwar weder Poesie noch Mystik, aber darum, weil es sich um ganz normales Wunschdenken handle, wird uns entgegnet. Doch erstens: Wieviel Wunschdenken steckt dann in der Behauptung jener, die die Einrichtung der Ehe für widersinnig erklären? Und zweitens: Wer wirklich erfuhr, weiß, daß dieser Einspruch ihn zwar anficht (weil wir nicht ununterbrochen in der Erfahrung der Grund-Einheit leben), daß er ihn aber rechtens als Anfechtung abweist. Was die Liebenden erfahren, ist zwar unsichtbar, doch es stammt keineswegs (so wie *Das unsichtbare Königreich* bei RICHARD V. VOLKMANN-LEANDER) aus dem Land der Träu-

---

[9] Vgl. S. 61.

[10] Siehe J. SPLETT, Reden aus Glauben, Frankfurt/M. 1973, Kap. 1; Liebe zum Wort, Kap. 1.

[11] K. ROSENKRANZ, Georg Wilhelm Friedrich Hegels Leben, Darmstadt 1969, 552.

me. HEGELS lässigem Aphorismus spricht sich aus dem Anfang abendländischen Denkens ein Wort HERAKLITS zu: "Unsichtbare Fügung stärker als sichtbare."[12]

Beides ist festzuhalten: der sichtbare Riß wie dessen unsichtbare Fügung. Und dann ist das "unsichtbar" richtig zu lesen. Es bezeichnet nämlich keine Hinterwelt, so daß sich jetzt ein neuer Riß zwischen sichtbar und unsichtbar - auftäte. - Ist etwa die Seele derart unsichtbar, daß wir bloße Körper erblicken? Wir sehen *leibhafte Menschen*: *uns,* wir hören unsere Worte (nicht bloß Laute), "Antlitz" und "Blick" begegnen uns (nicht ein organisches Gebilde). Im Leib wird die unsichtbare Seele selber sichtbar (und bleibt nicht irgendwo unerreichbar "drinnen", unter der Hautoberfläche). Sichtbar wird sie freilich nicht dem Anatomen noch der Physik und Chemie.

Genau so schenkt sich den Liebenden immer wieder im Riß ihre Fügung. Sichtbar nur dem vertrauenden Glauben der Liebe, ihm aber wirklich. Glauben ist auch hier (wie vor Gott) das Gegenteil von Nichtwissen. Hier wie dort "weiß" der Liebende (2 Tim 1, 17), "wem er geglaubt hat".

Dennoch nochmals: Ist der Mensch vor Gott zwar Gottes, also des Geglaubten, gewiß, so doch nicht seiner selbst, des Glaubenden und seines Glaubens. Auch wenn er sich keiner Versäumnis bewußt ist, weiß er sich damit nicht schon "gerecht", das heißt wahrhaft in Ordnung.[13] Oben hieß es, daß schwerer als alle gesprochenen Worte jene wiegen, die man nicht gesagt hat, weil sie einem gar nicht in den Sinn gekommen sind. Weiß ich aber so um meine Grenzen, dann kann und darf ich sie beim anderen nicht vergessen.

Liebende richten einander zugrunde, wenn sie nicht wahr haben wollen, daß der andere "auch nur ein Mensch" ist; ebenfalls nicht gänzlich von dem Urteil des Psalmisten ausgenommen: "Ein jeder Mensch ist unzuverlässig."[14] Nur den Herrn der Fügung weiß der Glaube unbegrenzt verläßlich, nicht uns Menschen, die wir in ihr stehen.

Mit diesem Unterschied ist Ernst zu machen. Ernst aber tiefer noch mit dem Geheiß, das uns in diesen Unterschied hineinweist. Es ist kein unverständliches "Soll"; immer wieder erfahren die beiden - im Großen und Kleinen, und hierin vielleicht noch tiefer beglückend -, daß ihnen gegeben wird, was ihnen aufgegeben ist. So getragen, vermögen sie dann sich und

---

[12] Fr. 54.

[13] 1 Kor 4, 4f.

[14] Ps 116, 11; Röm 3, 4.

den anderen auf sich zu nehmen, ihre Fremdheit und deren Erlösung: in der gemeinsamen Lebensform ihrer Liebe.

2. Des anderen Last

Unsere Meditationen wollen ausdrücklich nicht theologische sein; aber sie wollen doch auch nichts willkürlich ausschließen, was zum Ganzen des bedachten Lebens gehört. Insofern sind sie, wie eingangs gesagt, naturale Meditation. Natur meint aber hier die Natur (das sich entfaltende Wesen) des Menschen. Der Christ weiß, daß dieses Wesen in keinem Menschen nur natural, daß es in jedem von jener Geschichte der Gnade gezeichnet ist, die nach Schöpfung und Fall in Christus ihre Mitte gefunden hat und auf der neuen Erde endgültig offenbar sein wird. Offene naturale Meditation wird also stets schon (mehr oder weniger "anonym") christliche Meditation sein. Eben darum aber muß sie nicht schon "amtlich" und ausdrücklich christlich sein, wenn sie keinen Wesensaspekt außer acht lassen will. Auch ohne dies kann ihr das Ganze zugänglich sein, wenn auch so, daß ihr Schauen sich dann immer wieder in ein fragendes Hören verwandelt.

Im Sinn solchen Hörens wurden bisher auch die Glaubensurkunden herangezogen; nicht also (theologisch) als "Autoritäten", sondern in gleicher Weise wie andere Texte, in denen menschliches Erfahren und Bedenken seinen Niederschlag gefunden hat. Allerdings haben wir es bei diesen Urkunden mit Texten zu tun, deren innerer Rang und deren weltbestimmende Wirkungsgeschichte besondere Achtung verlangen, auch wenn man sie nicht als Glaubensnorm annimmt. - Mit solcher Achtung wenden wir uns einem Briefstück zu, das fast wie eigens gemeint in das eben Bedachte hineinspricht.

PAULUS schreibt an die Galater (6, 2-5): "Einer trage des andern Last, und ihr werdet so das Gesetz Christi erfüllen. Denn wenn einer glaubt, etwas zu sein, da er doch nichts ist, so betrügt er sich selbst. Sein eigenes Tun prüfe jeder, und dann mag er Ruhm für sich selber haben und nicht bei dem andern. Denn jedem ist seine eigene Last auferlegt."

PAULUS wendet sich an den, der auf ein Versagen des anderen trifft. Er soll dann ihn und seine Schwäche nicht verurteilen, sondern ihm helfen, sie zu überwinden. Die folgenden Worte begründen nun diese Ermahnung, bis hin zum letzten Vers, der auf den ersten Blick dem Eingangssatz doch eher widerspricht. Jeder, heißt es, soll sich seiner eigenen Schwäche erinnern. Blickt er auf sich und prüft sein Tun, dann wird er erkennen, daß er - aus sich selber - buchstäblich nichts ist. Was ihm glückt, muß er als sich geschenkt bekennen. Es gilt also auf die Herkunft, den Grund eines Handelns zu schauen, nicht auf dieses selbst.

Das Handeln selbst, die "Leistungen" lassen sich mit den Leistungen des andern Menschen vergleichen. Hier hätte man also "Ruhm bei dem andern"; aber man stünde nicht mehr *im* Vollzug der Kreisgestalt.[1] Man stünde nicht mehr im geeinten Hin- und Wiedergang des Gesprächs, sondern zählte gleichsam von außen, nachträglich die von jedem der beiden geäußerten Worte; und selbst wenn man sie nicht nur zählte, sondern wöge, wäre das ein äußeres Messen. Ihr wahres Gewicht läßt sich nur *im* Gespräch ermessen, und hier nicht im Blick auf den Partner, sondern auf den Abgrund-Grund des gemeinsamen Redens.

Hat man das Wort gesagt, das hier jeweils gefordert wurde? Und kommt man in solcher Besinnung "für sich selber" zu dem Ergebnis, man habe dieses Wort gesagt, wem gilt dann der Ruhm des Gelingens? - Tatsächlich aber wird sich stets ergeben, daß *jeder* seine Last zu tragen hat; daß keiner ganz dem Ruf der Stunde entspricht.

Der Schwache also soll den Schwachen stützen, weil er selber schwach ist. Das ist in Kürze die Meinung des Briefes. Man soll den andern auf sich nehmen, weil man an sich selbst genug zu tragen hat. Das klingt wie vollendeter Unfug - doch antwortet ihm nicht in uns - wie befreit - ein entschiedenes Ja?

Es meint Tieferes als die kluge Erwägung, zwei Schwache seien immer noch besser daran als einer allein. Zumal sich dagegen einiges vorbringen ließe. (Wirklich müssen zwei Schwache sich nicht nur stützen, sie können einander auch stürzen, weil jeder zwar mühsam sein eigenes Gleichgewicht hält, aber die schwierigere Balance von Halt und Widerhalt nicht mehr vermag.)

Was meint das Ja aber dann? Es meint, daß man zu geben habe, was man nicht besitzt. - Stimmt das geläufige Wort, niemand gebe, was er nicht hat, dann ist die Ehe tatsächlich Betrug. Man mag dann von der Blindheit der Liebe reden, mag metaphysisch erklären, der Mensch sei nun einmal ein Versprechen, das er nicht erfüllen könne, mag die Täuschung sogar religiös zu rechtfertigen suchen, indem man sie als Gottes Angelwurf und uns als seine Köder deutet (wie etwa PAUL CLAUDEL). Sie bleibt Betrug, und wir betrogene Betrüger. - Doch dies Wort stimmt nicht.

---

[1] Siehe S. 19f.

Wo immer es ernst wird, hat der Mensch zu geben, was er selber nicht besitzt - und selig gedemütigt erfährt er, daß er es vermag. Sorge und Sorge bergen einander, Frage steht der Frage Antwort, Armut und Armut schenken sich die Welt, schließlich zutiefst Mensch und Mensch sich gegenseitig ihren sich ihnen gebenden Herrn. Und wenn Geben seliger als Nehmen ist, dann nicht gerade darum, weil es selber nochmals uns (als größere Gabe) geschenkt wird? (Glück ist immer Geschenk, und das Beglückendste an ihm ist, *daß* es Geschenk ist.)

Dem Schwachen wird so aufgegeben, den Schwachen zu tragen. Und er soll ihn tragen, weil er selber schwach ist, das heißt, weil ihm *gegeben* wird, ihn zu tragen (es also nicht in seine Macht und sein Belieben gestellt ist, ihn auf sich zu nehmen).

Aber damit ist der Sachverhalt erst anfänglich beschrieben. Es geht ja noch an, daß man nur dank tieferer Hilfe dem andern zu helfen vermag. Die ganze Schärfe der Situation zeigt sich jedoch, wenn wir die Überschrift dieses Kapitels im Gegensinn lesen. Des andern Last soll man tragen - aber des andern Last ist man selbst. Erst darin wird man der eigenen Schwäche wirklich gewahr.

Einander an- und zugetraut, werden die Liebenden nicht weniger einander zugemutet. - Gewiß ist einer dem andern zum Helfer und Weggefährten bestimmt. Indem er ihn liebt, traut er ihm zu, daß er wächst, und er mutet ihm die Schmerzen solcher Reifung zu.

"Wenn du mich fragst: 'Soll ich jenen dort aufwecken oder ihn schlafen lassen, damit er glücklich sei?', so würde ich dir antworten, daß ich nichts über das Glück weiß; aber würdest du deinen Freund schlafen lassen, wenn ein Nordlicht am Himmel stünde? Keiner darf schlafen, wenn er es kennenlernen kann. Und gewiß liebt jener seinen Schlaf und wälzt sich wohlig darin; du aber, entreiße ihn seinem Glück und wirf ihn hinaus, damit er *werde*."[2]

Ihn schlafen lassen wäre Weichlichkeit oder Gleichgültigkeit. Liebe nimmt es auf sich, dem anderen "lästig" zu fallen, um ihn auf den Weg aus sich heraus und auf diesem Weg voranzubringen. Aber der Liebende erkennt - nicht nur, daß er selber säumig genug auf dem Weg ist - , vielmehr, daß er dem Gefährten, dem er doch voranhelfen soll und will, gerade im Weg ist.

Gewiß sieht der Freund das Nordlicht nicht, wenn ich ihn nicht wecke. Aber wie hole ich ihn aus dem Schlaf? An mir liegt es mit, ob er sich wirklich dem Licht öffnet, wenn ich

---

[2] A. DE SAINT-EXUPÉRY, Die Stadt in der Wüste (Citadelle), Nr. 49, Gesammelte Schriften, München 1978, II 184.

ihn zu sich gebracht habe. - Dabei ist die Frage so noch viel zu überlegen-pädagogisch gefaßt. Ich halte nicht einfach Wache neben seinem Schlaf; aus gemeinsamem Schlaf weckt mich das Licht, damit ich auch ihn für es wecke. Doch indem ich mich über ihn beuge, *verdecke* ich es ihm gerade.

Ja, die Wirklichkeit ist noch beschämender: Ich bin der Schlafende. Und statt daß wir, daß wenigstens er sich dem Zauber des Lichts überließe, ist er damit beschäftigt, mich aus dem Schlaf emporzuholen und mich meiner Schlaftrunkenheit zu entreißen, in die ich widerborstig immer neu mich einrollen will.

Der Liebende, der dem andern die Wahrheit zumuten will (und soll), mutet ihm zugleich unauskömmlich sein eigenes "Niederhalten" der Wahrheit, seine Unredlichkeit zu. Er soll und will dem andern zu seiner "Entfaltung" verhelfen, ihm den Raum seiner Freiheit bereiten, und tatsächlich belastet, hemmt und verkümmert er ihn, beschränkt und bindet ihn in Unfreiheit.

Man könnte sich fragen, ob diese Bindung nicht noch tiefer trenne als aller Unterschied zwischen den beiden Geschlechtern. Der Unterschied, die Fremdheit bricht immer wieder in den kollektiven Ausschreitungen hervor, von denen uns die Kulturgeschichtler berichten: im Treiben von Männerbünden wie von mänadischen Schwärmen. Aber was ist solches Überschäumen gegen das innere Erstarren, wenn ein Wortwechsel sich unvermutet derart steigert (oder soll man sagen: vertieft), daß auf einmal der Grund zwischen zweien schwindet, oder nein, nicht nachgibt, sich vielmehr gerade unter ihren Füßen hebt, dabei sich gleichsam in zwei Sockel spaltend, so daß sie nun einander gegenüberstehen, Blick in Blick, in absoluter "Sachlichkeit".

Sind wir hiermit romantisch und "melodramatisch" geworden? Steigern wir nicht zumindest eine Instinktreaktion unberechtigt ins Personale hinauf? Sicher ist sie nicht selten "nur" das. Biologie und Psychologie lehren uns, wie sehr in alle Zuneigung (und besonders in die daraus begründete Bindung) Aggressivität eingeht, die entsprechend "umorientiert" wird. Bei steigender Erregung kann die Um-Richtung an Klarheit verlieren und gerade auf dem Siedepunkt der Einheitsrausch in eine Kampfwut umschlagen, deren Verbissenheit keinen Vergleich kennt. KONRAD LORENZ berichtet von Fällen bei seinen Gänsen, wo jahrealte Verbindungen derart zerbrochen sind und beide Tiere sich hinfort geflissentlich mieden.[3]

---

[3] Das sogenannte Böse, Wien [6]1964, 300-303.

Häufiger überstehen Verbindungen diese Zerreißprobe; vielleicht, weil die Erregung nicht ihre äußerste Höhe erreicht? Tatsächlich hört man die zynische Ansicht, nur durch Dummheit oder Unredlichkeit könne man eine ausschließliche Bindung für lange Dauer aufrechterhalten. Aber schon vor einem Paar wie Martha und George in EDWARD ALBEES großem Stück *Wer hat Angst vor Virginia Woolf?* versagt diese Schein-Weisheit kläglich.

Daß die "sinnliche Liebe... und überhaupt jede Liebe, die eine andere Ursache anerkennt als die Freiheit des Gemüts, leicht in Haß über[geht]",[4] weiß man nicht erst aus den exakten Forschungen der Wissenschaft. ALBEES Stück hat darin seinen Rang (und sprengt darin den Rahmen eines psychologischen Gesellschaftsstücks, wie alles Vollkommene seine Art übersteigt), daß auf dem Grund der Bindung und des entsetzlichen Kampfes der beiden ein tieferes Eins sich zeigt; wir wagen zu sagen: ihr Eins in der Wahrheit.

Dann aber kehrt - nach Widerlegung dieses Einwands - die Frage um so hartnäckiger zurück. Nicht mehr um sinnlichen Haß geht es jetzt, nicht um das Ressentiment aufgrund unvermeidlicher "Frustrationen". Man findet sich vielmehr vom andern um seine eigenste Wahrheit gebracht, gehindert daran, der zu werden, der man nicht nur sein wollte, sondern sein sollte - und immer noch soll.

So kann sich das zynische Wort von früher in die ernste und selbstlose Mahnung verwandeln (selbstlos, weil schmerzlich auch an sich selber gerichtet), den andern frei zu geben, weil man ihn liebt. Lassen wir also die naheliegenden (und meist ja auch berechtigten) Verdächtigungen beiseite und stellen wir uns dem Einspruch in seinem lautersten Sinn.

Vielleicht ist er letztlich nur theologisch, aus dem Sakrament beantwortbar. Aber ein bloßes Nein wäre keine Antwort, sie muß die *innere* Frage beantworten können, das heißt: Sie muß *einsichtig* sein (zugleich geht indes dieser Anspruch auch an den Fragenden selbst).

Gewiß ist es so nicht nur eine erste, sondern auch die letzte Antwort, die Don Pelayo im *Seidenen Schuh* gibt:[5]

> Nicht Liebe macht die Ehe aus, nein, die Einwilligung.
> Auch nicht das Kind, das ich nicht bekam, auch nicht das Wohl der Gesellschaft, sondern die Einwilligung vor dem Angesicht Gottes im Glauben:

---

[4] B. SPINOZA, Ethik, IV, Anhang § 19 (Darmstadt 1967, 494f).

[5] P. CLAUDEL, Der seidene Schuh, 2. Tag, 3. Szene (Ges. Werke, Heidelberg-Einsiedeln 1958-1963, III 431).

Bis an das Ende meiner selbst, bis an die letzte Krume dieser Einwilligung, die zwei Wesen einander zu geben vermögen,

Schlecht und recht.

Was sie mir gab, vermag ich ihr nicht wieder zurückzugeben, selbst wenn ich es wollte.

Doch beläßt man es dabei, dann zeigt sich die Ehe nur als Gesetz. Und was hilft mir, daß das Gesetz in sich gut ist, wenn es mich doch nur zum Tode führt?[6] Wir müssen also versuchen, den *Sinn* des Gesagten zu gewinnen, der darin ungesagt bleibt.

Vielleicht scheint der gewählte Weg zunächst befremdlich. Doch kommt man in solchen Fragen nur mit schärfster Abstraktion zur Klarheit. Ihre Schärfe muß der Lauterkeit der Seele beistehen, wo es gilt, "gegen das Herz anzukämpfen", das, "was immer es will, ... um die Seele [erkauft]".[7]

Den Ausgangspunkt soll die banale Einsicht bieten, daß auch der (oder die) Dritte nur Mensch ist. Alles bislang Bedachte gilt also auch für die neu zu begründende Bindung. Auch hier reicht jeder prinzipiell über den andern hinaus, genügt also keiner dem andern; auch hier wird jenseits bloßen Ungenügens jeder des anderen Last.

Nötig ist, wie gesagt, entschiedene Abstraktion. Die Einwände sind ja nur zu nah bei der Hand; aber es geht jetzt nicht um dieses oder jenes, um irgendein Mehr oder Weniger; es geht um das Ganze. Und dafür gilt das Gesagte.

Entweder stellt man sich völlig auf sich (Möglichkeit und Unmöglichkeit dieser Lösung seien hier nicht erörtert) oder man wechselt von Partner zu Partner, gibt keinem eine grundsätzliche "Einwilligung", sondern bleibt prinzipiell unendlich offen.

Diese Endlosigkeit wäre aber gerade das, was HEGEL die "schlechte Unendlichkeit" genannt hat. Wäre sie wirklich erreichbar, so würde sie immer noch nicht jenes Ganze bedeuten, dem Don Juan von Frau zu Frau nachjagt. Doch er erreicht nicht einmal sie; niemals wird seine "Unendlichkeit" mehr als endlich sein. Un-endlich bloß in dem Sinn, daß sie nicht wahrhaft endet, sondern zufällig abbricht. Auf diesem Weg findet man also keine Gestalt, das heißt weder sich noch seine Wirklichkeit. Nur in der Entscheidung wird "die Seele reif".[8]

---

[6] Röm 7.

[7] HERAKLIT, Fr. 85.

[8] S. KIERKEGAARD, Entweder/Oder II, Düsseldorf ²1957, 167f. Freilich ist solche Entscheidung weniger "interessant", und man kommt "dadurch unter durchaus alltägliche Bestimmungen zu stehen". Don Pelayo verblaßt vor Rodriguo. "Da wollen die Leute so ungern heran, sie möchten ihr Leben so gern in dem haben,

Gestalt wird nur aus dem Entschluß zur Endlichkeit. Wer sich aber zu seiner Endlichkeit entschließt, der willigt in sein Ende ein und greift auf dieses vor, um es in diesem Vorgriff zum gültigen Abschluß seiner Selbstübernahme zu machen.

Wenn lieben bedeutet, einander helfen zu leben, dann wird jetzt deutlicher, in welchem Sinn Don Pelayo sich an die Einwilligung Proëzas gebunden bekennt. Es geht wahrlich um ihre Gestalt (man könnte auch sagen: ihr Heil), gegenüber einer Macht, die mit dem Zauber der Auflösung lockt. Er will es nicht Liebe nennen (weil er das Wort in engerer Bedeutung gebraucht); aber *sie* ist es, die seine Großmut noch übersteigt (die Großmut, aus der er Proëza für Rodriguo freigeben würde), und zwar sie übersteigt in liebende Demut.

Wenn lieben bedeutet, einander helfen zu leben, dann bedeutet es immer, den andern den Tod kosten lassen. Nicht von ungefähr ist die Schlußstrophe aus OSCAR WILDES Zuchthausballade so berühmt: "Wir alle töten, was wir lieben..." - Der Liebende nimmt in Demut entgegen, daß der andere einwilligt, an ihm zu sterben. Und um des Lebens des anderen willen besteht er, nun erst recht gedemütigt, auf diesem seinem "Recht".

Dann aber nimmt er des andern Last gerade dadurch auf sich, daß er *sich* als Last ihm auferlegt. Und so fügt sich erneut - wenn auch mit dunklem Klang - der Ring der Liebe, des-8sen Wechsel-Eins sich nur dem Mitvollzug erschließt.

Indes - mag sich das Wechsel-Eins der Liebe nur dem Mitvollzug erschließen: Gerade dem Vollzug erschließt sich nicht nur solches Eins. Hat sich das Reden vom Tod nicht eines verschwiegenen Sinntausches schuldig gemacht? In der Tat muß man sagen, daß ich dem andern eben seinen Tod erschwere, wenn ich ihm zur Last geworden bin. Es wäre falsches Spiel, sich das durch ein "poetisch"-ungeklärtes Gerede vom Tod zu verschleiern.

Dennoch bestehen wir auf dem Zusammenhang beider Aspekte des Todes. Zwar stirbt gerade in glücklicher Liebe "das Ich, der dunkele Despot";[9] aber uns Nachkommen Adams ist dieser lichte Tod, solch leichtes Entwerden versagt. Der Tod, der unser aller wartet (wir werden es noch erwägen), ist anderer Art. Und leben heißt, auf diesen Tod zugehen, ja ihn schon im Verzicht jeden Augenblicks leben.

---

was unterscheidet. Denn ein guter Mensch, das kann doch jeder sein, der es will; aber zum Bösesein gehört stets Talent" (ebd. 242). Hier aber steht nicht Talent, sondern Treue zur Frage; letztlich der Mut (siehe unten S. 100) zur "Banalität" des Todes.

[9] F. RÜCKERT, Die Ghaselen des Dschelal ed-Din Rumi, I 15 ("Wohl endet Tod des Lebens Not"), in: Stimmen des Orients. Arabische, persische, indische und chinesische Dichtungen, Leipzig 1965, 96.

Also ergibt sich, daß nicht der innige Tod der Entzückung, daß gerade der getrübte Tod, den Tag für Tag der geliebte Mensch von uns empfängt, ihn auf sein wahres Sterben vorbereitet. Damit verdoppelt, nein, potenziert sich noch einmal unsere Demütigung. Nochmals nehmen wir teil an des andern Last eben dadurch, daß wir seine Last sind.

Es wird gut sein, sich diesen Sachverhalt gegenwärtig zu halten, da seine Schwere der Liebe Gewicht und Haltung zu geben vermag. Aber zugleich ist es die Liebe, die das Schwere leicht macht. Meine eigenste Wahrheit? Warum sollte sie etwas anderes sein, als was unser gemeinsames Leben mir zuspricht - und dem ich noch immer mangelhaft genug entspreche? Meine Wahrheit soll in der ihr eigenen Weise die deine aufleuchten lassen. Meine und deine Wahrheit sind in der unseren beschlossen. Jeder von uns trägt an dem Unheil Schuld, das unser beider Wahrheit verdeckt. Und doch steht ihr Licht über uns und vermag sich von unserem Dunkel zu nähren. Wir lasten zwar aufeinander, aber wir wissen uns doch zutiefst durch einander entlastet. Nicht aufgrund der bloßen gegenseitigen Last, auch nicht allein aus gegenseitigem "Ertragen", sondern aus unserem *Eins-sein* in beidem. So jedoch sind wir entlastet, weil wir gemeinsam eines "Andern" Last sind, der uns trägt. Tragend "dient" er unserer Liebe und begründet damit (indem er auch hier erst gibt, was er gebietet[10]) ihr "Gesetz": das des Dienstes.

3. Gemeinsamer Dienst

Don Pelayo hat das Wort Liebe vermieden, als er von Band und Aufgabe der Ehe sprach. Man muß die Vieldeutigkeit dieses Wortes nicht nur bedauern; alle Grundworte sind derart unabgeschlossen, und das mit Notwendigkeit, weil das, was sie meinen, sich in einer unabsehbaren Vielfalt verwirklicht. Alle haben sie teil an der Unergründlichkeit der Seele, "deren Grenzen du nicht ausschreiten kannst",[1] haben teil am Geheimnis des Menschen.

Dennoch, sollten sie alles bezeichnen, dann würden sie schließlich nichts bedeuten. Gerade um die Würde des Geheimnisses zu wahren (und es von jener Dunkelheit zu un-

---

[10] AUGUSTINUS, Psalmenerläuterungen - zu Ps 118, Predigt 12, 5 (MPL 37, 1535); vgl. oben S. 37, Anm. 12.

[1] HERAKLIT, Fr. 45.

terscheiden, hinter deren Trübnis sich in Wahrheit nichts verbirgt), bedarf es klärender Bestimmungen und Abgrenzungen (der "De-finitionen"). Freilich müssen wir uns ihrer Ausschnitthaftigkeit bewußt sein: Sie zielen auf etwas, das grundsätzlich reicher ist und weiter reicht als der Lichtkegel ihrer Klarheit.

So sprechen wir hier von Liebe als Dienst, in dem Wissen, damit nur einen ihrer Namen zu nennen. Aber wir sind doch auch überzeugt, darin einen Wesensnamen dieser Wirklichkeit zu bedenken; soviel hat sich im bisherigen wohl schon gezeigt.[2]

Daß Gott Liebe sei, verkündet nicht nur die christliche Botschaft.[3] - Immer wieder indes hat man den Satz auch umkehren wollen und die eigene Liebe als göttlich verherrlicht. Der Ausgang solcher Übersteigerung ist geläufig; doch kennt die römische Liturgie einen Text, der dem fast gleichkommt: "*Ubi caritas et amor, ibi Deus est* - Wo immer Güte ist und Liebe, da ist Gott." Ein herrlich kühner Satz, der wie mit einem Schlag den Wall der Abgrenzungen durchbricht, hinter die immer wieder Glaubens-Sorge sich flüchtet.[4]

Welcher Gehalt aber ist in diesem Satz mit *caritas et amor* angesprochen? Der liturgische Text begleitet am Gründonnerstag das tätige Gedächtnis der *Fußwaschung* - beim Gründungsmahl der neuen Gemeinschaft. Er deutet das, was damals geschah und was die Feiernden jetzt nachvollziehen (so wie auch sonst dem Handeln erst das Wort eindeutigen Sinn gibt). Aber er wird zugleich durch das Geschehen gedeutet, das er verdeutlicht (so wie auch sonst erst das Tun den Worten ihren wahren Sinn gibt).

Caritas et amor - das ist Dienst, und solcher Dienst begründet die neue Gemeinschaft. Die Selbsthingabe zu Speise und Trank (und wo leben Liebende nicht voneinander?) unterscheidet sich selbst gegenüber aller rauschhaften Preisgabe von "Blut und Leben" dadurch, daß sie sich gürtet und nach der Wasch-Schüssel greift. Selbst-Unterscheidung, nicht um dennoch an sich festzuhalten, sondern um sich bleibend zu geben. - Der Stolz mag in scheinbarer Demut abwehren: "Mir nicht." Doch anders gibt es keine Gemeinschaft. Man muß sich die Füße waschen lassen, um so liebevoll gedemütigt nun selbst zum Dienst bereit zu sein.[5]

---

[2] Siehe besonders S. 35.

[3] 1 Joh 4, 8. 16.

[4] H. U. V. BALTHASAR, Glaubhaft ist nur Liebe, Einsiedeln [3]1966.

[5] Joh 13, 1-15. Siehe: Wagnis der Freude (S. 30[5]) 27-30: Hochzeitlicher Überfluß.

Wer aber auf diese Weise dient, der nimmt sich und sein Dienen leicht. Die Liebe dient in Leichtigkeit, das heißt in Anmut und Heiterkeit. Denn ihre Demut ist Quell des Humors wie der Blutzeugenschaft - und Quell des Humors noch in dieser (wie uns nicht nur von THOMAS MORE überliefert wird). So aber werden nicht bloß Ernst und Schwere des Dienstes nicht "wichtig" genommen, sondern auch seine Versehen. Ja selbst seine Leistung. Denn wahrer Dienst darf den andern nicht von sich abhängig machen. Gewiß ist jeder Personbezug von unersetzlicher Einmaligkeit; dennoch bleibt er nur Personbezug, wenn seine Partner nicht zu "Hälften" werden. Der andere lebt nicht bloß von meinem Dienst, und er muß weiterleben können, wenn mein Dienst entfällt. So bleibt er frei, und sich bedienen *lassen* kann nun nochmals Dienst am anderen werden (an seinem Dienst); denn auch das Schwerste geschieht, wenn es sich gibt, in Leichtigkeit: sich lieben lassen.[6]

So wird der Dienst der Liebenden zum Spiel, freilich in etwas anderem Sinn als bei der gängigen Unterscheidung von Spiel und Ernst. Es stimmt zwar: Das Spiel wird "verdorben", wenn es einer zu ernst nimmt; doch wer nicht mit dem nötigen Ernst, wer nur "spielerisch" mitmacht, zerstört es nicht minder. Spiel steht so in der Schwebe zwischen "tierischem" Ernst und kindischer Narrheit; in Zeit und Raum seines begrenzten "Feldes" und gemäß der Ordnung seiner Regeln ergibt sich unvorherbestimmbar sein Verlauf und fügt die Spieler zu gemeinsamer Gestalt. Diese Gestalt aber besteht nicht boß aus ihnen; im Spiel bildet sich vielmehr - in dessen Grenzen - seine eigene Welt.

Im Spiel der Liebe nun fallen die Grenzen des Felds mit denen des Lebensraumes überhaupt zusammen (oder zumindest liegt das in der "Logik" dieses Spiels): Im Aufbau der "Eigenwelt" zweier verwandelt sich ihnen die Welt im ganzen. Nicht, als würden Schein und Wirklichkeit verwechselt. Man weiß vielmehr - freilich wiederum "schwebend" - um den Doppelsinn der Dinge und Vollzüge: Die Welt des Spiels ist symbolische Welt.

Mit wirklichem Wasser werden die staubigen Füße wirklich gewaschen, aber zugleich geschieht darin Verzeihung, Mahnung, Anteilgabe. Man setzt sich zu Tisch, um den Hunger zu stillen; zugleich aber genießt der Essende die liebende Sorge der Hausfrau und diese wiederum sein dankbares Genießen. Namen und Daten, Gebärden, ein Blick, ein bestimmtes

---

[6] "Ich will nicht, daß man mich liebe" (B. PASCAL, Pensées [LAFUMA] 734). "Pascal sagt dies aus Mitleid: er wollte niemand an den Schmerz und das Nichts binden, die er in sich trug. Sein Wort ist ein Wunder der Klarsicht und der Entsagung, aber eine Verleumdung der wahren Liebe... Hätte Pascal begriffen, bis zu welchem Vergessen des Glücks die geschaffene Liebe führen kann, so hätte er eingewilligt, geliebt zu werden" (G. THIBON, Das Leben zu zweit, Basel 1955, 143).

Kleid, eine Frisur, ein Duft: all das bedeutet sich und doch zugleich viel mehr - wie alles Spiel-Zeug.[7]

In solchem Spiel aber dienen beide nicht mehr nur einander, sondern gemeinsam ihrem Spiel. Ja ihr Spiel selber dient, in seiner Freiheit, indem es sich und sie in ein umgreifendes Geschehen einspielt. In allen Kulturen sprechen Riten und Mythen davon, daß die Menschen nicht ihr Spiel, sondern das des Kosmos spielen, die heilige Hochzeit von Himmel und Erde, den Jahresumgang der Sterne und die Fruchtbarkeit von Wald und Feld.

Das Christentum hat diese Meinung nicht verworfen, sondern nur geklärt: Es spricht vom Lebens-Spiel vor Ihm, für den die ganze Welt nicht etwa Arbeit (an widerständigem Stoff) oder Kampf (mit Gegen-Mächten) ist, sondern in allem Ernst Spiel seiner Liebe.

Vom Spiel spricht man zuletzt nur spielend recht. In dieser Weise haben die griechischen Väter mit dem Sinn von Genesis 26, 8 gespielt, wo berichtet wird, der König Abimelech habe Isaak und Rebekka beim Spiel erblickt: Isaak heißt "Lächeln", Rebekka "Geduld". Zwischen den Liebenden wie in jedem von ihnen - besagt nun die Deutung - spielen Geduld und Lächeln vor dem ewigen König, als Abbild jener urgeschaffenen Weisheit, die im Anfang vor Gott spielte und deren "Wonne" es ist, "bei den Menschen zu sein".[8]

Solch spielende Rede mag tiefer reichen als mancher Ernst. Doch kehren wir wieder zurück, das heißt "zu den Menschen". In der Tat ist dies der Weg der spielenden Weisheit. Wer sich in Gottes Spiel hineingibt, der muß dessen Regeln anerkennen. Es sind die Regeln von Gottes Schöpfung überhaupt, und deren erste, grundlegende lautet: Freiheit ist Freigebigkeit; denn ohne sie gäbe es nichts außer Gott.[9] Wie er aus dem Vollgenügen seiner selbst heraus sich uns zukehrt, wie er die Liebenden - ihnen dienend - einander freigibt, so müssen nun sie aus ihrer zwei-einen Freiheit heraus sich in gemeinsamen Dienst an ihren "Nächsten" geben.

Das Bild von Kreis und Ring, von der Kugelgestalt der gelingenden Liebe wird damit nicht widerrufen. Es kommt nur darauf an, den Bogen weit genug zu schlagen. So wurde auch der Gestalt-Kreis des zweiten Kapitels durch das dritte nicht gesprengt, sondern geöffnet und eben darin bestätigt (ja so erst in Wahrheit - gleichsam durch die Verschränkung der

---

[7] Siehe J. SPLETT, Spiel, in: Sacramentum Mundi III; Spiel-Ernst, Einführung.

[8] Vgl. Spr 8, 27-31.

[9] Siehe Leben als Mit-Sein, Kap. 6: Grundgesetz Freigebigkeit (sowie oben S. 37[12]: W. KERN).

Ringe - zur Kugel ergänzt). Findet im "Dreispiel" das Paar vor dem Herrn des Spiels sein *Eins* vor Ihm, dann kann es nun *mit Ihm* den nächsten "Dritten" in ihr Spiel mit einbeziehen. Und wie im Ursprung die Einheit der Dreigestalt ihre Partner nicht auf die Gleichheit eines leeren Einerlei herabsetzt, vielmehr jeden gerade in seiner Weise und nach seinem Rang ins Spiel bringt, so auch hier.

In beiden Fällen bewährt sich die erste Regel der Liebe, die Freiheit als Freigebigkeit auslegt. Sie bewährt sich vor allem darin, daß auch ihre Umkehrung gilt: In gleichem Maß wie die Freigebigkeit sich entfaltet, gewinnt sich die Freiheit. Weitung des Kreises besagt also nicht, daß das Eins der Geeinten sich löst; der gemeinsame Dienst bestätigt vielmehr und festigt ihr Wir (so wie eine Schwächung des Wir gerade dessen Dienst verminderte). In Wahrheit gibt es also keine Konkurrenz in den Bezügen. Sie tritt erst dort auf, wo diese Wahrheit, die Wahrheit des Wir wie des Dienstes am Dritten, nicht rein gelebt wird.

Tatsächlich nimmt unser Leben das Licht der Wahrheit niemals völlig rein in sich auf und gibt es immer nur gebrochen wieder; trotzdem aber - oder eben deshalb - kommt es darauf an, sich den Blick auf die Wahrheit selber nicht trüben zu lassen, Was eigentlich sein soll - in allen Fällen scheinbaren oder auch ernsten Konflikts -, ist jenes Ineinanderspiel des Dienstes, das in seiner inneren Stufung die Grundgestalt des Drei-Gefüges geprägt hat.

Das gilt dann nicht nur für den eigentlich Nächsten des Paares, ihr Kind, sondern entsprechend für alle Bezüge dieser Freiheits-Welt nach "außen", ohne daß mit dieser Regel der tatsächliche Verlauf des Spiels, seine wechselnden Situationen und seine stets neuen Ansprüche vorherbestimmt werden können.

Freilich gilt von all dem in gleicher Entsprechung auch das, was wir zuvor über den Ernst des Unterschieds und die einander belastende Schwäche durchgedacht haben. Der Dienst soll Spiel sein und ist es auch immer, in dem Maß, in dem er wirklich Dienst ist (nicht ein Leistungswille, der im Grund nur Selbstbestätigung zu leisten hat). Doch unbestreitbar ist unser Dienen nicht nur ein Spiel; es ist auch Last.

Selbstbesinnung verkehrt sich zum Zerrbild, ja ins Gegenteil ihrer selbst, wo sie in gerührter Betrachtung der eigenen Not, in Selbstmitleid schwelgt. Nicht als könnte und dürfte man sich nicht auf seine Not besinnen, man soll es sogar (und es geschieht darum auch immer wieder in diesen Meditationen). Nicht auch als müßte solche Besinnung gleich "aufbauend" sein, gleich schon fortblicken zu neuen Taten. Sie soll verweilen - wie die großen Klagen der Literatur und der Kunst die Not in ihrer ganzen Schwere gegenwärtigen.

Doch diese Klagen sind gerade kein Jammern, sie sind Gesang. Sie lösen also die Not nicht, sie ändern nicht die beklagte Situation (das können nicht Klagen, nur die Tat); aber dennoch *verwandeln* sie alles, indem sie selbst sich aus Wehlaut in Gesang verwandeln.

Gesang aber wird die Klage nur als Meditation. Gesang ist mehr als Schau, in ihm gewinnt ja das Geschaute - und zugleich der Schauende und sein Schauen - *Gestalt;* die Wahrheit wird - wie MARTIN HEIDEGGER die Kunst bestimmt "ins Werk gesetzt", nicht bloß betrachtet. Doch nur wenn sie betrachtet wird, kann sie ins Werk gesetzt werden, und mehr: Ihre Setzung kommt dem Schauen nicht als ein Fremdes hinzu; das Werk ist eigentlich erfüllte Schau.

Zwar muß an ihm gearbeitet werden, das Schauen verbirgt sich also gleichsam in andersartigen Vollzügen. Doch es bestimmt und leitet sie, es wirkt in ihnen, und während ihre Spuren, je vollkommener das Tun gelingt, sich selber tilgen (ein geglücktes Werk zeigt nicht, daß es gemacht ist, es ist da), tritt nun das Schauen heraus; der Schauende und das Geschaute sind in ihm eins geworden; ein "Stück" Meditation hat so Bestand erhalten und kann sich hinfort in jeder Begegnung von neuem und auf neue Art verwirklichen.

An solcher "Gestalt" der Meditation zeigt sich das Gesetz auch unseres Meditierens. Es soll also nicht nur die Not, es soll auch die Klage darüber zu Wort kommen lassen. Das Spiel des Lebens ist oft bitter ernst, und sein Dienst ("Frondienst des Menschen Leben auf Erden" - Ijob 7, 1) ist hart. Gerade wenn man ihn ernst nimmt, eben ein treu geleisteter Dienst kann zu erdrückender Belastung werden.

Doch aus der Klage wird Gesang, wenn der Klagende nicht auf den eigenen Kummer, sondern auf den "Gegenstand" der Klage blickt. Statt bloßen Jammerns (darin man nur bei sich ist, oder besser: nur vage in sich, nicht eigentlich bei sich selbst) wird so die Klage zur *Vergegenwärtigung* jenes, dessen Fehlen und Abwesenheit sie beklagt. Sie "stellt" es also in seiner Wahrheit "vor" und "her" und wandelt sich darin (indem sie Dienst wird) zur Rühmung" der Wahrheit".[10]

So haben wir auf die Last des Dienstes zu blicken, doch wirklich auf sie (statt schmerzlich auf je mein Tragen, wobei man gerade nicht schauen - das heißt, meditieren würde -, sondern in haltlosem Fühlen verbliebe). Was zeigt sich solchem Blick?

---

[10] Darum nennt RILKE die Klage noch lernend. Gelangt sie zur Reife der Einsicht, so wird sie "Jubel", der "weiß" (Sonette an Orpheus I 8): Sämtl. Werke (S. 18²) I 735f. Dazu: Wagnis der Freude (S. 30⁵) 111-122 (über den *Panther* - und, 102-110, zur lebenzehrenden wie -bewahrenden *Spitze*).

Zuerst zeigt sich wohl eine merkwürdige Umkehrung des Bedachten. Gerade treuer Dienst, hieß es, belaste. Aber in bestimmter Hinsicht gilt: Gerade wenn er lastet, ist er Dienst, will sagen, eben dann zwingt er zu selbstlosem Einsatz (während die Leichtigkeit des Spiels es offen ließ, wieweit es nur aus Reiz und Zauber der Begegnung, aus der Gunst der Stunde lebte); gerade als Last also dient er - doch er dient eben so dem Aufbau schwebender Einheit.

Damit werden zwei entgegengesetzte Haltungen als Mißverständnis erkennbar, die beide die Diensthaftigkeit des Dienstes verfehlen. Die erste bedarf nicht mehr vieler Worte: Sie will das Spiel der Freiheit, das wir erst zu lernen haben, von Anfang an fordern und glaubt, über "Gesetz" und "Pflichten" immer schon hinaus zu sein. Freilich schenkt der Zauber des Anfangs, als Zielvorgabe und Angeld, bereits den Einklang, und was er gibt, ist nicht Täuschung; aber es ist auch keine volle Wirklichkeit. Es ist sozusagen prophetischer Traum: Vision, Offenbarung dessen, was sein will und wozuhin man sich auf den Weg machen soll. Verlangt man nun, je schon im Ziel zu stehen, erklärt man, Liebe wolle "alles oder nichts", dann ist der gemeinsame Weg beendet, ehe man ihn überhaupt beginnt (denn er beginnt erst, wenn die Traumkugel bricht und man zum "Aufbruch" erwacht).

Doch hier (wie auch sonst) wird man die "kompromißlosen" Verfechter des reinen Ideals danach fragen, ob sie nicht darum alles (haben) wollen, weil sie eigentlich nichts (geben) wollen.

Demgegenüber will nun die andere Haltung ausschließlich geben; für sie zählt allein die Mühsal des Wegs und am Wege nichts so wie die Mühsal. Hier wird die Liebe und das Gute an der Mühe gemessen, die sie jemanden kosten, an den Opfern, die man bringt. Nach FRIEDRICH NIETZSCHE hat vor allem MAX SCHELER den Ressentiment-Charakter dieser Haltung aufgewiesen. Man weigert sich anzuerkennen, daß ein anderer ohne Weg-Mühe weiter vorangekommen sein könne. Doch das Gute ist nicht das Schwere, sondern eben das, was gut ist, und in Wahrheit ist das Gute leicht. Wem es schwerfällt (und es fällt uns allen schwer), der ist noch unterwegs zur Wahrheit. Erst wo die Pflicht zur Neigung wird, hat man sie ganz erfüllt.

Für die eheliche Liebe gilt vollendet, was der AQUINATE zur Feindesliebe erklärt hat: "Nicht das Schwere, das darin liegt, den Feind zu lieben, macht etwas aus für das Wesen des Verdienstlichen, es sei denn, sofern sich darin die Vollendung der Liebe erweist, die dieses Schwere besiegt. Wenn daher die Liebe so vollkommen wäre, daß sie das Schwere ganz aufhöbe - so wäre sie noch verdienstlicher" (oder sagen wir - unserer Fragestellung gemäß -: entsprechender).[11]

Die Last des Dienstes wird also nur dann in Ernst und Wahrheit aufgenommen, wenn man ihn nicht zu ernst nimmt. Er will, wenn er wirklich Dienst ist, sich selbst übersteigen und sich aufheben in den geschenkten Überfluß des Spiels. - Diese Einsicht aber verleiht dann schon dem Weg die Fröhlichkeit des Ziels. Der Zauber des Anfangs ist nicht völlig zerbrochen, er ist nur aufgebrochen, er hat sich aufgetan und begleitet den Weg als dessen stete Verheißung.

Es bedarf nur ein wenig jener inneren Leichtigkeit unseres Anfangs, damit wir im Gehen aufblickend seiner gewahr werden können. Dann rühren über unserem Weg Anfang und Ziel aneinander und sagen uns ihren endgültigen In-eins-Fall zu. Mitten im Alltag, aus seinem dienenden Mühen heraus, schenkt sich die Stunde des Fests.

4. Das stille Fest

Die Überschrift wird heute weniger Anstoß erregen als im Jahre 1970. Gleichwohl; wird in ihr doch ein Zug überdeutlich, der alles bisher Gesagte mitprägte und den Engagierte auch heute als Regression ins Private belächeln oder bekämpfen. Dem Vorwurf hat man sich zu stellen.

Es gibt einen ängstlichen, romantischen oder bequemen Rückzug ins Klein-Eigene, der egoistische Flucht ist, und solcher Egoismus verschafft sich sein gutes Gewissen, indem er nicht an sich, sondern "an den anderen denkt", er tarnt sich als "Egoismus zu zweit".

Es gibt auch einen Rückzug, der zwar frei von dieser Herzensträgheit, aber an einem Menschen-Bild orientiert ist, das nicht mehr das unsere sein kann. Man setzt das Menschliche hier mit einer gewissen "Unmittelbarkeit" gleich, so daß die Mittel: Technik, "Apparat", Zivilisation nur (oder doch vor allem) als Bedrohung, nicht als Chance in den Blick kommen können. - Niemand wird die Gefährdung und auch die Verluste bestreiten, die all das mit sich gebracht hat. Doch wenn die "Natur" des Menschen schon immer seine Kultur war, dann muß er auch die heutige Kultur (und nicht nur die etwa der Goethe-Zeit) sich zur Natur, zu

[11] Quaestiones disputatae de caritate, 8 ad 17; vgl. J. PIEPER, Muße und Kult, München [7]1965, 31-35.

seiner menschlichen Natur machen können. Unmittelbarkeit und Ursprünglichkeit bewähren sich gerade darin, daß sie sich aus dieser Welt der Mittel, ja in ihnen finden.

Das ist bei handlichem Werkzeug leichter getan als in der Handhabung einer größeren Apparatur. Doch gelingt es bei dieser, dann überwiegt der Gewinn den Verlust. Es gilt also hier wie sonst, daß man auf dem eingeschlagenen Weg der Geschichte nicht umkehren kann, daß man ihn vielmehr zu Ende gehen muß. So wirkt es ungut, wenn man das Ursprüngliche nur im Naturnah-Einfachen findet und alles übrige sogleich der Unnatur verdächtigt.[1]

"Hier im Hause der Ehe sieht das Gemüse nicht aus, als sei es irgendwo in einer Fabrik produziert und durch die bösen Öffnungen der Geschäfte hin zum Menschen geleitet, der Schein des Ursprünglichen ist hier wieder auf ihm, heiter liegt das Gemüse auf dem Tisch und frisch, als wäre es in der Nähe des Hauses der Ehe gewachsen, durch seinen Boden hindurchgewachsen bis zur Mitte des Tisches - da liegt es nun und wartet auf den Menschen."[2]

So reden bedeutet bei aller Noblesse und Lauterkeit des Sprechers keine Hilfe. Und das nicht nur, weil im Lärm des heutigen Lebens unser inneres Gehör ertaubt wäre, sondern weil das Gesagte bei all seiner tieferen Wahrheit tatsächlich unrichtig ist. Seine Wahrheit liegt darin, daß Liebe die Dinge verwandelt und, wie den Liebenden selbst, auch ihnen die "verlorene Ursprünglichkeit" zurückgibt. Aber zugleich wird gerade die Liebe niemals behaupten, die Ursprünglichkeit, die sie zurückgibt, sei wirklich verloren gewesen. Sie war nur "entfallen", und nun "erinnern" die Liebenden sie: nicht im *Rückzug* auf das AnfänglichSchlichte, sondern indem sie die gewordene Vielfalt mit all ihrem Reichtum in ihr Eins-sein hineinnehmen. - Dies freilich im *Rück-Bezug* auf den Anfang.

Es gibt nämlich nicht nur die Flucht ins Private. Aus der Furcht, bei ihr entdeckt, ja ihrer auch nur verdächtigt zu werden, flieht man umgekehrt in Betrieb und Beruf (oder in die "Szene"). Dem "erbaulichen" Lob auf das "Haus der Ehe" setzt man einerseits den fachlichen oder sozialen Einsatz auf dem Markt entgegen (von der athenischen *agorá* bis zur Firmen- oder akademischen Öffentlichkeit bzw. zum Engagement in unterschiedlichen "Bewegungen"), andererseits das Abenteuer einer Liebe, die sich nicht - "(spieß)bürgerlich" - "festlegt" (vom antiken Kyniker über den mittelalterlichen Vaganten zur "Zugvogel-Existenz" des modernen Highlife).

---

[1] Siehe J. SPLETT, "Macht euch die Erde untertan", in: Theologie u. Philosophie 57 (1982), 260-274.

[2] M. PICARD, Die unerschütterliche Ehe, Erlenbach-Zürich [2]1952, 17.

Der Mensch lebt nicht nur im Haus; Eltern und Kinder müssen und sollen es alle Tage verlassen. Doch wenn es nur mehr "Dach überm Kopf", Eßplatz und Schlafstätte ist, dann zeitigt das, wie man weiß, gerade für Öffentlichkeit und Gesellschaft seine Folgen: von Schule und Beruf bis hin zur "öffentlichen Sicherheit". Dies aber darum, weil es für den *Menschen* Folgen hat. Er lebt nicht nur im Haus; doch er muß irgendwo zu Hause sein.

Zu Hause aber ist der Mensch, wenn er "chez soi": bei sich ist. Aus einem Denken und Sprechen, dem der unvergleichliche Rang des Personalen noch verdeckt war (das darum des Menschen Wesen in seiner öffentlichen Existenz erblickte), stammen die Worte *idiótes* und *privatus* für solches Bei-sich-sein. Die "Eigenheit" des *idiótes* wird dabei als Nicht-mitreden-können" verstanden; das Wort meint darum nicht nur den gemeinen Mann (ohne amtliche Würde), sondern auch den Ungelernten, schließlich den Stümper. Und das Abgesondertsein des *privatus* könnte zwar auch als Befreitsein gedeutet werden, im Vordergrund des Bewußtseins stand aber die "Beraubung": das Fehlen von gesellschaftlich-politischer Bedeutsamkeit.

Man weiß, welche Verhältnisse im Ausgang der Antike gerade die Besten dazu zwangen, aus der Not solcher Beschränkung eine Tugend zu machen. Und es ist bekannt, daß ihr "Lebe verborgen!" auch dann von der Not gesellschaftlicher Zustände spricht, wenn es als christliche Tugend gepredigt wird. Dennoch, seit der christliche Glaube die ewige Würde eines jeden Einzelnen bekennt, kann man sich nicht mehr einfach auf das antike Ideal des "politischen" Menschen berufen.[3]

Gerade der Christ weiß sich für seine Geschwister (und das sind alle) verantwortlich, und seine Liebe hat sich nicht bloß in tätiger *caritas,* sondern im Bau einer humanen Rechts- und Gesellschaftsordnung zu bewähren (überflüssig zu wiederholen, wieviel hier versäumt worden ist). Gleichwohl liegt der Schwerpunkt seiner Existenz nicht in der "Gesellschaft". Freilich auch nicht im Privaten, vielmehr beim Herrn über beides, dem Herrn der jeweiligen "Stunde".

---

[3] Im übrigen kann man gerade bei dem Denker, dem wir das Wort vom Menschen als "Gemeinschafts-Wesen" (*zõon politikón*) verdanken (ARISTOTELES, Politik 1253 a 7f), lesen: "Der Mensch ist von Natur aus eher ein zweisames (*syndyastikón*) als ein Gemeinschaftswesen" (Nikomachische Ethik 1162 a 17f). - Schließlich sei etwa auf HILDE DOMINS Essays zur Lyrik heute hingewiesen; z. B. (vielleicht nicht nur bezüglich des Privaten überhaupt, sondern auch für die von uns zitierten Dichter) auf ihre Feststellung: "Die Angst, mit etwas wie 'einem Gartenzwerg im Arm' entdeckt zu werden, erschreckt jeden, wobei denn doch keiner weiß, was unversehens zum 'Gartenzwerg' deklariert werden könnte." Sie nennt ihrerseits WOLFGANG HILDESHEIMER, der in Selbstpersiflage die Angst, mit dem 'verkehrten Bild an der Wand' von den Gästen (den 'richtigen') erwischt zu werden, als einen der Grundschrecken des modernen Intellektuellen wieder und wieder parodiert" (Wozu Lyrik heute? München 1968, 44f).

Tatsächlich ist beides mit nichten derart getrennt, wie man uns manchmal glauben machen will. Nicht bloß spielt das Private nur allzu sehr ins Amtliche hinein, und das Amtliche ins Private. Das Amtliche selbst kennt *Stufen* der Öffentlichkeit, und ebenso gibt es im Hause selbst auch so etwas wie ein Forum "offizieller" Auseinandersetzung, auch wenn es nicht ausdrücklich als "Familienrat" konstituiert ist. "Öffentlich" wie "privat" bedeuten also nicht immer das gleiche; und auf allen Ebenen bedarf ein jedes der Momente um seiner selbst willen des anderen.

Im Ein- und Ausatmen nur lebt der Mensch. Das heißt: im Lärm der Öffentlichkeit (im Lärm der Arbeit, des politischen Kampfes oder gemeinsamer Feier) und in der Stille des Privaten (in Dienst und Fest). Ist nun das reinste Bild für Öffentlichkeit das Forum, der Platz des wirtschaftlichen und politischen Lebens (obwohl sie bis in die Familie reicht), so ist das reinste Bild des Privaten (obwohl es bis in die Gesellschaft hinausreicht) das Fest zu zweit.

Die Ehe bedarf solcher Feste. Es gibt gute Gründe dafür, daß Eltern einander als Vater und Mutter anreden; geschieht es aber ausschließlich, dann kann es auch Zeichen einer Fehleinstellung sein. Wahrhaft gemeinsamer Dienst verbindet ja gerade so zum Wir, daß er dessen Ich-Du-Gegenüber vertieft, daß er zum Fest des Ineinanderblicks befreit.

Je wacher indes die Liebenden sind, um so bedenklicher muß ihnen solch ein Fest erscheinen. Von FRANZ WERFEL stammen die Zeilen:[4]

> Als mich Dein Wandeln an den Tod verzückte,
> War Arbeit um uns und die Erde lärmte.
> Und Leere gab es, Gottlos-Unerwärmte,
> ...
> Gibt es ein Gleichgewicht in Welt und Leben,
> Wie werd ich diese Schuld bezahlen müssen!?

Schon das erste dunkle Wort in der Geschichte des abendländischen Denkens, der Spruch des ANAXIMANDER, beschwört die Genugtuung, die alle Wesen einander zu leisten hätten. Wieviel soll man sich dann vom Tisch des Lebens nehmen, wenn man nicht weiß, was es am Ende kosten wird? Wenn aber wirklich genießen nur kann, wer sorglos zugreift, dann muß man offenbar dumm oder dreist sein, ja eigentlich beides, um hier glücklich zu werden:

---

[4] Als mich dein Wandeln an den Tod verzückte, in: Gedichte aus den Jahren 1908 - 1945, Frankfurt/M. 1953, 24.

indem man nämlich die Frage einfach hinausschiebt ("und vielleicht wird letztendlich jemand anders bezahlen").

Dabei geht es im Grunde nicht einmal um später. Vielleicht erwartet man sogar zu Recht, daß man dann frei ausgeht. Der Christ zum Beispiel glaubt an diesen Tisch *geladen* zu sein; was er schuldet, ist nicht Genugtuung, sondern Dank. Aber tatsächlich zahlen andere schon jetzt das Mahl.

Nicht also die Sorge strengen Rechtsdenkens allein, gerade die Großherzigkeit, die sie überwindet, schnürt dem Gast die Kehle zu.

> Als mich Dein Dasein tränenwärts entrückte
> Und ich durch Dich ins Unermeßne schwärmte,
> Erlebten diesen Tag nicht Abgehärmte,
> Mühselig Millionen Unterdrückte?

Sie erleben ihn nicht nur *auch*. Ein Teil (so verschwindend er sein mag), ein Teil ihrer Not ermöglicht vielmehr erst die Stunde der Liebenden. Beide leben davon, wie der Gast von dem Tier lebt, das man ihm vorsetzt, und von der Mühsal aller, die es ihm bereiten (vom Züchter beginnend durch alle Glieder der Kette bis zur Gastgeberin).

Man sieht, wie die Fraglichkeit des Privaten hier ihre äußerste Schärfe erhält. Und Meditation verlangt, von ihr nicht ab-zusehen. Natürlich hat "das Leben" diese Frage immer schon gelöst, doch fragen wir nach dem Recht seiner Lösung. Was geschieht, ist damit ja noch nicht gerechtfertigt, auch wenn es allgemein geschieht. (Wie weit wäre dann die vielberufene Traurigkeit nach dem Glück auch Ausdruck schlechten Gewissens?)

Gleichwohl kann das, was geschieht, den *Weg* zur Einsicht in seine Berechtigung zeigen. Nur muß man sich klar darüber sein, was man erwartet. Das Geheimnis von Leiden und Schmerz (das wir noch eigens überdenken wollen) kann kein noch so gewilltes Denken entschleiern. Es geht also lediglich um die Haltung *unter* dem Sternbild des Verhängnisses. Und dann gibt es zuletzt nur folgende Alternative: Da alles Leben nur aus Schmerz und Blut anderen Lebens wird, muß ich mit BUDDHA das Leben selbst auszulöschen versuchen - oder den Dienst fremder Schmerzen in dankbarer Demut entgegennehmen.

Dabei steht BUDDHAS Versuch in dem Widerspruch - auch wenn es ihm glückte, das leidvolle Leben zu tilgen -, doch nie rückgängig machen zu können, daß er selbst sich (und sein Tilgenkönnen) solchem Schmerz verdankt. - Er verdankt sich ihm; aber dankte ihm so gerade nicht; hat ihn seine Mutter doch nicht dazu geboren, daß er ihrem Schmerz den Sinn nimmt. BUDDHA erklärt darum auch ihre Erwartung (wie alles Wünschen) für eine Täuschung, die durchschaut werden muß. Aber sein Ziel bleibt unerreichbar. Ein Wesen, das zwar zeugen und gebären kann, doch nicht aus Nichts erschaffen, vermag zu töten, aber weder sich noch andere(s) strengen Sinns zu ver-"nichten".

Wer also lebt, verdankt sich dem Schmerz - und soll ihm danken. Danken aber so, daß er gerade nicht nur unter ihm leidet. Welche Mutter wünschte, daß ihr Kind nun an den Schmerzen leide, mit denen sie sein Leben erkauft hat? Es soll ihr danken; doch sein schönster Dank ist ihr seine dankbare Freude am Leben. (Der Ernst seines Danks beweist sich darin, daß es dann selbst den Schmerz des Dienstes auf sich nimmt.)

So sehr also ein "Glück" aus Selbstsucht stammen kann, so sehr hat es seine Wahrheit (das heißt dann zugleich: seine Tiefe und Dauer) in der wissenden Annahme schenkender Liebe, einer Annahme, die wesentlich Dank, also nehmende *Liebe* und darin selbstlos ist (so daß ihr auch keine Traurigkeit folgt).

Das Rätsel des Leids als solches haben wir unlösbar genannt. Doch nicht einmal die von uns eingeschränkte Frage hat damit eine Antwort erhalten. Nicht aller Schmerz ist ja so hinzunehmen wie jener der Mütter (und selbst hier greift die Medizin ein, obwohl es Theologen gab, die ihr die Befugnis dazu bestritten). Es gibt Unterdrückung und Qual, die unser Mitleid, die Protest und tätige Abhilfe fordern. Jeder von uns versagt hier, weil niemanden einzig selbstlose Liebe beseelt.

Doch folgt daraus nicht die Verwerfung des Glücks. Wir haben es zuvor schon erwogen: Ich habe zwar zu dienen; jedoch der Ernst des Dienstes liegt nicht zuletzt darin, daß er sich nur als Dienst weiß. Wenn der Herr mich zu Tisch ruft, muß ich (*darf* ich) nicht glauben, statt dessen "durcharbeiten" zu müssen. Ich brauche mich nicht verantwortlicher zu geben als Er; denn Er weiß, was Er will.

Sein Ruf ist nicht unüberhörbar. Die einen vergessen Daten und Tage (und es stimmt einfach nicht, daß das unwichtig sei, da Liebe doch spontan sich äußere; sie bedarf des Halts "fester Bräuche"); die anderen spüren den Anstoß nicht, der unvermutet jetzt ein Gespräch bringen könnte (dessen Licht dann lange fortleuchten würde), den Anstoß zu einem Abend "auswärts", in dem das schüchterne Glück der ersten gemeinsamen Abende wach werden könnte, oder nur zu einem Aufblick, einem raschen Wort, einer Geste, welche in der nächsten Stunde weiterschwängen - je auf ihre Weise in beiden - und sie so wieder ein wenig enger verbänden.

Es bedarf des eigentlichen Fests, weil der Mensch in Vorblick und Erinnerung lebt. Es bedarf des ausdrücklich vorbereiteten Rückblicks auf den Anfang, dessen Zauber wir ja nicht einfach hinter uns gelassen haben. Und dieser Rückblick meint nicht eine sentimentale Flucht aus dem Jetzt, sondern die Vergegenwärtigung des Ursprungs. Damit vergegenwärtigt es in Dank und Freude auch den *Anspruch* des Beginns auf Treue zu ihm und seine *Verheißung* des Ziels, das sein Versprechen einlöst, das also nichts anderes ist als eben der erfüllte Anfang selbst in seiner ganzen Wahrheit. So wird das Fest zum Fest der Hoffnung und des erneuerten Treueversprechens.

Wie der Weg der Liebenden aus seinem Anfang und von seinem Ende lebt, so lebt er aus der Gegenwart von Anfang und Ende in den Stunden des Festes, und er braucht eine Ordnung der Feste, so wie ein Wanderer sich darauf angewiesen sieht, des Abends bis zu einer Herberge zu kommen.

Doch die Liebe braucht nicht nur die festen Punkte auf der Karte ihres Wegs. Sie lebt ebenso von den unverhofften und nicht einplanbaren kleinen Augenblicken unterwegs (von denen immer wieder einer dann zum hohen Augenblick aufgehen mag). Freilich lebt sie vor allem in der all-täglichen Gegenwart des gemeinsamen Dienstes, und nicht nur *in* ihr, sondern erstaunlicherweise gerade *aus* dieser. Doch das Licht dieser Gegenwart geht von den Festen aus; die großen Feste werfen es gleichsam voraus, die kleinen leuchten um so inniger im Gedächtnis. (Man sollte darum wie vom Anfang so auch von ihnen immer wieder miteinander sprechen.)

Damit stellt sich unsere Besinnung einer letzten Frage (einer letzten Variation des Angriffs auf die "Privatheit" des Fests), der Frage nach der Rechtmäßigkeit des Sich-erinnerns. Ruft uns nicht immer die Gegenwart an und kommt darin nicht ständig die Zukunft fordernd auf uns zu?

Daß jemand Zukunft und Gegenwart versäumen kann, weil er sich vom Vergangenen hat fesseln lassen, bedarf keiner Worte. Hier geht es um das Recht der Erinnerung überhaupt, um das Recht (und die Pflicht) zur Kontemplation neben der Pflicht zu handeln. Nun soll in einem solchen Buch das Recht der Kontemplation nicht eigens dargelegt werden (die Pflicht zu ihr wäre schon eher zu bedenken, manches im bisher Gesagten gibt Ansätze dazu). Es sei aber erwogen, daß Kontemplation und Meditation (Anschauung und Besinnung) Erinnerung sind, nicht nur im Spiel mit dem Grundsinn des Wortes (Er-inner-ung), sondern durchaus im gebräuchlichen Sinn.

Sich selbst bekommt der Mensch nur in der "Re-flexion", in Rück-beugung und Rück-gang zu sich in den Blick. Darin erst erkennt er sich als den, der er ist; das heißt aber in Strenge: als den, der er (vor diesem Blick) *gewesen* ist (denn den Blick selbst, der nun ja ebenfalls zu ihm gehört, könnte er erst durch einen weiteren Blick zu Gesicht bekommen und so fort).

Nicht anders steht es um das Erkennen des andern. Wann erkennt ein Kind zum ersten Mal seine Mutter? Paradox formuliert, kann man sagen: frühestens beim zweiten Mal. Denn es erkennt seine Mutter erst dann (zum ersten Mal), wenn es erkennt, daß es eben dieses Gesicht schon kennt, es erkennt also auch erstmals nur so, daß es wiedererkennt (indem es erkennt, daß es bereits erkannt hat - ohne damals schon zu erkennen).

Daß solche Überlegungen nicht müßige Spielerei sind, wird deutlich, wenn wir das Wort 'erkennen' im biblischen Vollsinn, als eheliches lesen. Dem griechischen Denken war die Liebe darum verdächtig, weil sie dem Denken und Sprache besitzenden Menschen eben diesen Vorzug nimmt, weil sie ihm - nicht bloß im übertragenen Sinn, sondern buchstäblich genommen - die Besinnung raubt, so daß er sich an das innigste Fest stets nur "erinnern" kann. THOMAS VON AQUIN hat zwar gesagt, es sei nicht gegen die Ordnung, daß die Überlegung der Vernunft aussetze in der Verwirklichung des zuvor vernünftig Bedachten.[5] Doch während nun die einen lauthals die Botschaft von Rausch und Besinnungslosigkeit verkündeten, die den einsamen Menschen wenigstens zeitweise von sich erlösen, leiden solche, die tiefer schauen und erfahren, bis heute darunter, daß eben im Ansturm zur Höhe des Eins die Liebenden auf sich zurückgeworfen werden:

"So bringt auch das Selbstgespräch der wiederkehrenden Vernunft, daß Natürliches geschehen ist, dem animal triste nur zum Bewußtsein, daß sie verloren war. Ein dunkler Kläger verlangt Ersatz aus dem Schatze des Höchsten im Menschen, das Beleidigte im Scheitel unseres Wesens meldet seinen Anspruch auf Erfüllung einer Schuldigkeit, die doch voll und gültig wiederum nur von ihm selbst zu leisten ist."[6]

Wiederum gilt, daß die Trauer und der Anspruch zu Recht gegenüber dem Maß an Selbstsucht bestehen, das hienieden aller Liebe beigemischt bleibt. Zugleich aber ist zu sagen, daß in solcher Deutung die Trauer sich auch schon mißversteht (ist doch auch in ihr selbst

---

[5] Summa theologica II-II 158, 1 ad 2 (zur Frage des Zorns).

[6] J. BERNHART, De Profundis, München ^{4}1952, 119.

die Trübung der Liebe am Werk). Blicken wir auf das Gespräch AUGUSTINS mit seiner Mutter Monnika zurück: "Während wir so reden..., da *haben* wir an sie gerührt!"[7]

Alles Hohe und das Heilige zuhöchst betreffen wir nicht; das Bewußtsein, das Denken "begegnet dem Geheimnis nicht, dem es sich verdankt; ihm begegnet, daß es diesem Geheimnis auf seinem Weg begegnet ist".[8] Das ist die Struktur aller Begegnung und das Gesetz jeden Festes; denn es ist das Gesetz unserer Abkünftigkeit. Weil wir nicht je schon sind und besitzen, sondern empfangen, haben wir uns und die Gabe erst, wenn sie uns gegeben *ist*: Wenn wir sie angenommen haben. Annahme aber soll nicht Trauer, sondern Dank sein. Im Dank erst "eignen" wir uns an, was sich uns ereignet, in Dank und Gedenken erst erfüllt sich das Ereignis der Liebe. Darf man darauf mit Traurigkeit antworten und nicht vielmehr noch einmal mit dem Dank des Glücks?

Gleichwohl bleibt hier eine Diskrepanz, die nicht geleugnet sein soll. Im Gegenteil, denn eben aus ihr will entspringen, was zu jedem Fest - vor allem zu den hohen Festen - mitgehört: die Fröhlichkeit. - Der Mensch verliert die Besinnung hier ja nicht bloß wie im Zorn: es hat ihn schon immer befremdet, in welcher Weise er sie verliert. Geht er denn wirklich, wie wir behaupteten, ("ekstatisch") über sich hinaus, fällt er nicht vielmehr unter sich hinab? War unser Hinweis auf die religiöse Erfahrung also nicht töricht (und vor allem ungehörig)?[9]

Als "Geist und Materie", als Freiheitsperson und animalisches Wesen zugleich hat der Mensch mit dem "Knoten", zu dem Gott die Fäden der Schöpfung in ihm geschürzt hat, nicht nur in der Dramatik, gar in der Tragik seiner Geist-Leib-Existenz zu tun, sondern auch in der Komik dieser Verbindung. Und ihre Komik liegt nicht am Rande, sie zeichnet (im Mittelpunkt seines Körpers) gerade die Mitte des Lebens: in der Doppelfunktion seiner Organe. - Ja, sie verschärft sich noch in deren Liebesdienlichkeit allein: in ihrer Unabhängigkeit von seinem Wollen und in ihrer Abhängigkeit von den nichtigsten Dingen. Wieviel an unserer Scham (von ihrem Recht jetzt zu schweigen[10]) entspringt beleidigtem Stolz?

---

[7] Siehe S. 10.

[8] K. HEMMERLE, in: B. CASPER/K. HEMMERLE/P. HÜNERMANN, Besinnung auf das Heilige, Freiburg 1966, 47; Gotteserfahrung im Denken, Kap. 2: Erfahrung und Reflexion.

[9] Er vergißt hier nicht bloß sich, weil außer sich beim "anderen seiner", sondern gerade auch diesen.

[10] Siehe Lernziel Menschlichkeit, Kap. 3: Prüfstein Diskretion.

Dabei ergeht besonders hier die Einladung zum Spiel. Man spielt ja dann nur "ernstlich" mit, wenn man sich darauf einläßt, daß die Partner und die Dinge, mit denen man spielt, auch ihrerseits mit dem Spielenden spielen (das tut schon der Ball, den ein Kind gegen die Hauswand wirft). Gibt es eine wirksamere Schule des Humors?

"Es ist schlecht, keinen Spaß zu vertragen. Schlimmer, wenn es ein göttlicher Spaß ist, der freilich auf unsere Kosten geht, aber uns auch (wer möchte das bezweifeln) zur endlosen Wohltat gereicht." - "Wer Spiel und Lachen vom Bett der Liebe verbannt, wird leicht eine falsche Göttin zulassen. Sie wäre noch falscher als Aphrodite; denn die Griechen wußten bei all ihrer Verehrung, daß jene das Lachen liebt."[11]

Falsch heißt hier Aphrodite, weil unsere Liebe nicht göttlich ist (bestenfalls halbgöttlich oder "dämonisch" - wie Eros nach SOKRATES' Rede im *Gastmahl*). Die falschere Göttin jedoch wäre wohl Eris oder auch Ate: "Zwietracht" und "Unheil (Verblendung)". Mit wieviel Angst und Verdacht, mit wieviel Kränkung und Selbstmitleid wird in der Tat der Ernst des Stolzes erkauft. Umgekehrt aber gilt, wenn irgendwo, hier das berühmte Wort FRIEDRICH SCHILLERS: "Der Mensch spielt nur, wo er in voller Bedeutung des Worts Mensch ist, und er ist nur da ganz Mensch, wo er spielt."[12]

In solchem Spiel nun ereignen sich Fest und Feier. Fest gerade auch in jenem hohen Sinn, der uns erlaubt, an die Erscheinung des Heiligen zu erinnern. Denn Wirkung des Heiligen ist es, daß der Ernst des Irdischen - unentwertet, in seinem vollen Gehalt - zum Scherz wird (wie die griechische Tragödie ins Satyrspiel ausging). Über sich hinausgetragen werden oder niederstürzen: Dieser Unterschied fällt in dem Augenblick dahin, wo beides zu Phasen einer Bewegung wird; wo sich das Paar in jenes selige Tanzspiel hineinschwingt, auf das auch diese "göttliche Komödie" hinausläuft: auf die "Liebe, die im Kreis die Sonne führt und alle Sterne".

Das Gesetz dieses Umschwungs, die Aufforderung zu er-innerndem Dank, gilt nun auch über den eigentlichen Augenblick hinaus für die Entfaltung und Vollwirklichkeit (die "Wirkungsgeschichte") des Fests überhaupt zwischen uns. So schenkt sich uns das Fest der Liebe, die hohe Stunde, doch auch jede kleine Zärtlichkeit erst ganz, indem wir sie uns

---

[11] C. S. LEWIS, Vier Arten der Liebe (S. 35[11]) 151 und 149.

[12] Über die ästhetische Erziehung des Menschen..., 15. Brief, Sämtliche Werke, München 1959, V 618.

"eingehen", sie innerlich werden lassen. Solche Erinnerung wird aus sich selber auch zum Tun des Dankes führen. Doch zuerst und zunächst ist das Licht der Liebe in *ihr*, in der Erinnerung gegenwärtig. Und wirklich *gegenwärtig* in ihr. Die Trauer unseres Lebens liegt darin, daß es unserem Erinnern scheint, als sei dieses Licht bereits wieder vergangen (und zum Teil ist es auch so); in Wahrheit zeigt es sich jedoch als *angekommen:* Vergangen ist der Augenblick seiner *Ankunft*, und nun ist es *da* (wenn freilich auch nicht in Vollkommenheit, weil *wir* nicht vollkommen da sind, nur selten wachen Herzens, geistes-gegenwärtig).

Das Licht des Festes ist da, wie das Schweigen anwesend ist in den stillen Worten der Liebe, die aus dem Schweigen hervorgehen, um es den Liebenden fühlbar zu machen.

5. Reden und Schweigen

Es war bereits von Wörterbüchern für die Sprachen der beiden Geschlechter die Rede.[1] Sprache aber ist nicht nur ein gegebenes "Zeichensystem" zur leichteren Orientierung in der Welt (ein System, das man so auch beliebig austauschen könnte); sie ist dem zuvor der Ordnungs-Entwurf, in dem der Mensch sich seine Welt erst gibt. - Dieser Satz muß allerdings erläutert werden (schon um zu zeigen, daß hier nicht ein idealistischer Subjektivismus oder ein modischer Konstruktivismus propagiert werden soll, sondern nur mit dem Eigensein und Eigenrang des Menschen Ernst gemacht wird).

Gerade der Liebende weiß, daß er das, was er ist, nicht nur aus sich ist, sondern ebenso durch den andern. Seine Gestalt ist entscheidend durch seine "Kontur", seine Grenzen bestimmt. Grenze aber gibt es nur als Grenze (wenigstens) zweier, die sie gemeinsam an- und miteinander bilden; sie wird zugleich von innen und außen, von mir und vom andern gezogen. So bestimmt sich also die Gestalt, der Wesens-"Name", jedes der beiden immer von beiden zugleich.

Derselbe Sachverhalt gilt nun auch von der Welt. So stellen die Farben und Klänge der Dinge Qualitäten dar, die man bekanntlich nicht dadurch "erklärt", daß man sie auf die entsprechenden Schwingungen zurückführt. Schwingungen sind vielleicht *mögliche* Töne und Farben, aber niemals deren Wirklichkeit; und diese Wirklichkeit erreichen sie nicht aus sich

[1] S. 40.

selbst, vielmehr erst durch unser Sehen und Hören. Jedoch nicht allein von unseren Gnaden; wir sehen und hören ja nur diese Dinge und nicht andere. Farbe und Klang werden also von ihnen und uns "gemeinsam" erwirkt. - Doch nicht nur Farbe und Klang, sondern die "Qualität" der Dinge überhaupt, ihre Wesensgestalt, wird "von innen und außen", von ihnen und von uns gebildet.

Die Schrift drückt diese Einsicht so aus, daß sie im Schöpfungsbericht Adam den Tieren ihre Namen geben läßt (Gen 2, 19f); man braucht sich nur zu erinnern, daß für den Israeliten der Name nicht ein bloßes Etikett, sondern das Wesen, die Wirklichkeit selbst des Genannten darstellt. So verdanken die Dinge und alle Geschöpfe ihr Wesen zwar erstlich und unvergleichlich dem Schöpfer, doch in einem damit - in der "Gemeinschafts-Arbeit" des Gestaltkreises - auch der Namengebung Adams, der Sprache des Menschen (sie waren - unbestritten - auch schon "vor" ihm da und wirklich, aber im Grund doch nur so, wie eine Farbe "wirklich" ist, die niemand sieht).

Die Dinge, ihre Bezüge, ihr Gesamt und dessen Ordnung, die ganze Welt des Menschen sind ihm also als die seiner Sprache gegebenen (auch sein Denken wird nochmals von ihr bestimmt). Gewiß ist er in keine Sprache eingefangen, man kann von jeder in die anderen übersetzen; doch bis zu welchem Grad? Er kann von seiner Sprache aus zu anderen hinüber gehen; aber er kommt dabei niemals *aus* ihr hinaus.

Bestimmt die Sprache aber so den Menschen und sein Weltverhältnis durch und durch, dann prägt sie auch sein Verhältnis zu sich - und schließlich zu ihr, seiner Sprache, selbst. Wir wollen uns vor Vereinfachungen hüten; aber vielleicht darf man doch sagen, daß die Sprache für den Mann vor allem *Mittel* (Instrument) ist, für die Frau dagegen eher *Medium* (Raum der Vermittlung).

Der Mann bedient sich ihrer zur Ordnung und Handhabung der Dinge, zur "Klärung" der Verhältnisse, unterscheidend: Die Sprache ist ihm vor allem "Begriff". Die Frau lebt und bewegt sich gleichsam in ihr, sie klärt die Verhältnisse weniger, als daß sie deren Atmosphäre, ihre "Stimmung" sich und dem anderen mitteilt, sie hörbar und spürbar macht; sie löst die Unterschiede auf: Die Sprache ist ihr vor allem - nicht "Bild" (das wäre noch zu sehr optisch, "begreifbar", der Vergleich ist eher in der Musik aufzusuchen), sondern - "Anmutung", Ausdruck, Wort-werden-lassen.

Darum spricht (von ihrer Liebe) allermeist der Mann der Frau zu wenig - und sie ihm zu viel. (Und die oft bemerkte Weiblichkeit des Don Juan bestätigt sich auch darin, daß er vor allem durch seine Worte, besser: durch seine Stimme verführt - nicht durch Argumente, sondern durch Reden). - Beide haben sich also nicht nur in der Sprache zu verständigen, sondern gar über sie (das gilt in jedem Fall, wie immer man sich zu der hier versuchten Unterscheidung stellt).

Zugleich dürfte auch klar geworden sein, daß diese Einigung nicht eine Nebensache darstellt. Ist die Sprache das, was wir von ihr gesagt haben, dann hängt an der Verständigung (in ihr und über sie) buchstäblich alles. Freilich verlangt diese Einsicht keine sprachphilosophische Übereinstimmung beider, im Gegenteil, auch diese wird erst möglich auf dem Grunde tieferen Verstehens. Und diesem denken wir hier nach.

Das Grundverstehen reicht sozusagen unter die Sprache hinab, aber nicht so, als wäre es sprachlos. Man kann darum nicht einfach aus den Mißverständnissen der Sprache in das Schweigen flüchten. Hier gilt erst recht der Aphorismus von LEC: "Ohne die Kenntnis der fremden Sprache wirst du niemals das Schweigen des Ausländers verstehen können."[2] Es bleibt also dabei, daß man sich in der Sprache verständigen muß, und das heißt: in *den* Sprachen, "zwischen" beiden, in dem Sprach-Raum, den sie gemeinsam errichten.

Dieser Raum ist im Vorangehenden schon andeutungsweise gekennzeichnet worden: insofern die Sprache nicht nur als Instrument, sondern als Welteröffnung verstanden wurde. Man hat ja darauf aufmerksam gemacht, daß in der abendländischen Geschichte sich einseitig ihr männliches Verständnis durchgesetzt hat.

Wenn Sprache wesentlich Gemeinschaftswirklichkeit ist (auch der einsamste Sprecher spricht jemanden an; man könnte zeigen, daß eine Sprache strikt ohne Partner-Bezug unmöglich ist, daß sie dann in unzusammenhängende Lautgestalten zerfiele), wenn Sprache (griechisch: *lógos,* das heißt "Sammlung") je schon Gespräch (Dialog) ist, dann hat sie ihren ursprünglichen Ort in der Familie (sosehr sie immer darüber hinausreicht und Sprach-Gemeinschaft, "Sprach-Familie" schafft). Als Sprache des Hauses aber entspringt sie dem Gespräch der beiden, die es gründen.

"Zu Hause spricht man nicht, damit man versteht, sondern weil man versteht", hat der Theologe ERNST FUCHS formuliert.[3] In der Tat: Wenn man sich nicht (mehr) "versteht", dann

---

[2] Alle unfrisierten Gedanken, München 1982, 12.

[3] Das Neue Testament und das hermeneutische Problem, in: Zeitschr. für Theologie und Kirche 58 (1961) 198-226, 209.

"spricht man nicht miteinander". Es gilt indes zu sehen, wie tief dieses Verstehen reicht. Es liegt jeglichem Nicht-Verstehen zugrunde. Zwischen den Geschlechtern "versteht" man sich ja in anderem Sinne "nicht" als etwa angesichts der Fremdheit seelischer Erkrankung - und selbst dort ist das Unverständnis ein anderes als gegenüber Tieren. Menschen sind über alles Nicht-Verstehen hinweg (oder unter ihm her) im tiefsten verständigt. So hat ARISTOTELES den (Nicht-)Widerspruchsatz aus dem Logos als Sprache (nicht bloß als Vernunft) erhellt. Wer den logischen Widerspruch zuläßt (wer also ein letztes Eins des Verstehens bestreitet), der kann und mit dem kann man prinzipiell nicht mehr reden: "Wie unterschiede man sich da von den Pflanzen?"[4]

Die Sprache bekundet also die Einheit, das gründende Sichverstehen der Sprechenden, das alle Fremdheit nochmals untergreift und trägt. Sie zeugt und bezeugt dieses Einssein jedoch gerade, indem sie den Unterschied kundmacht, von dem auch unsere Besinnung ausging. Die Sprache selbst, obwohl sie in ihrer Einheit die Einheit der Welt gegenwärtigt, zeigt sich als unterschieden: sowohl von der Welt wie vom Denken, die doch beide in ihr zueinander und so erst zur (vollen) Wirklichkeit kommen. Und in dieser Unterscheidung zeigt sie zugleich den Unterschied der Geschlechter.

Innerhalb dieses Unterschieds setzt sich im Abendland das männliche Sprachdenken durch, das heißt, das Wort wird zum bloßen sinnlichen Zeichen, das "Eigentliche" geschieht zwischen dem Denken und der ihm gemäßen Wirklichkeit. Diese Wirklichkeit ist aber nicht das Einzelne und Einmalige (das kann man nicht denken, nur beim Namen rufen), sondern das vervielfältigbar Allgemeine, das in allen "Abzügen" sich gleich bleibt, das also niemals wird, sondern stets ist, was es schon immer war. Dieser Realität entspricht der Begriff, und dessen sichtbarste praktische Umsetzung - als tätiges Begreifen, nicht mehr nur gedankliches "System" - ist die Technik (im weitesten Sinn: vom Handwerk bis zum modernen wirtschaftlichen wie politischen "Betrieb").

Setzt dieses Weltverhältnis sich als das eigentlich rechte, dann wird es, was es nicht berücksichtigt, für minderwertig erklären. Das Wort, der Name, das Einzelne, die Geschichte, das Werden, die ungreifbare "Materie" (man begreift ja immer nur ihre "Strukturen"), das "Irrationale", schließlich die Frau: all das wird im Vergleich mit dem jeweiligen Gegenpol nicht nur vernachlässigt, sondern ausdrücklich als zweitrangig eingestuft.

---

[4] Metaphysik IV 1008 b 11.

Man begreift, wie der Gegenstoß nahezu unvermeidlich derselben Einseitigkeit verfiel, ja seinerseits noch radikaler um- und abwertete; denn da man ihm keine Auseinandersetzung gleichen Rechts erlaubte, war er notgedrungen revolutionär (dies auf der ganzen Breite der genannten Themen: vom Materialismus bis hin zur Frauenbewegung). Eben so aber blieb er dem Denken verhaftet, gegen das er aufbegehrte. Kehrt man nämlich den Vorrang in den verschiedenen Gegensätzen nur um, dann denkt man immer noch in der trennenden, begrifflichen, "technischen" Weise wie zuvor (man teilt und stuft ja nach "Klassen") - nur jetzt konfus. Denn *wenn* man trennt und *wo* Begriff und Technik ihre Stelle haben, dort ist nur die erste Wertung, nicht ihre Umkehrung sinnvoll.

Es kann also nie darum gehen, Denken, Begriff und Technik abzuwerten, vielmehr nur darum, der Sprache, dem Wort und dem Spiel ihren Wert zurückzuerstatten. Die Frage nach dem Wert-Gefälle zwischen beidem hat keinen Sinn; denn woher nähme eine Antwort ihr Maß? (Ist Blau schöner als Rot?, oder besser: eine Kugel schöner als ein Klarinettenton?)

Sprache versteht sich mit Sprache nur als Sprache der Liebe: Indem eine jede ihr Eigenes, sich selbst in das Ereignis einbringt, um eben so die andere in deren Eigensein als das Geschenk der Ergänzung entgegenzunehmen. Die Sprache der Liebe ist ja über allen Teilwahrheiten das Ganze, die Wahrheit des Ganzen. Dann aber lebt sie gerade davon, daß die Liebenden sie nicht als *gleiche* sprechen. Die Sprache der Liebe wird allein aus dem Zusammenklang (zumindest) zweier Sprachen.

Das führt aber zu einer erstaunlichen Konsequenz: Als solche gibt es die Sprache der Liebe dann gar nicht. Sie hat weder Lexikon noch Grammatik, man kann sie nach keinem Lehrbuch vermitteln oder studieren. Gesprochen werden die Sprachen und zwischen ihren Worten, "in" ihnen (nicht "dahinter", nicht nur gedacht noch bloß gefühlt, sondern unausgesprochen *gesagt)* spricht man die Sprache der Liebe. - Ob das nun "paradox" formuliert ist oder nicht, es beschreibt jedenfalls in Strenge, was geschieht.[5]

Aus solcher Erfahrung entspringt die ständige Klage über die Sprache; denn mit Worten kann man niemals sagen, was man meint (nicht nur das "leere Gerede" Verliebter, auch ihre gefülltesten Worte meinen mehr, als sie sagen). Doch selbst die Sprachanklage greift zum Wort (und auch sie meint letztlich nicht das, was sie sagt: die Beschwerde über die Sprache, sondern was sie nicht sagt: den Ruhm der Liebe, der die Sprache übersteigt).

---

[5] Ein "Muster" solchen Redens bietet der Bericht vom Pfingstfest in Jerusalem (Apg 2, 1-18).

Vor allem die Liebenden schweigen nicht. Man kennt Abelones Lied aus den *Aufzeichnungen des Malte Laurids Brigge*:[6]

> Du, der ichs nicht sage, daß ich bei Nacht
> weinend liege,
> ...
> Du, die mir nicht sagt, wenn sie wacht
> meinetwillen:
> wie, wenn wir diese Pracht
> ohne zu stillen
> in uns ertrügen?
>
> Sieh dir die Liebenden an,
> wenn erst das Bekennen begann,
> wie bald sie lügen.

Aber die Frage (die man als Problem vielleicht "grundsätzlich diskutieren" könnte) ist in der konkreten *Anrede* schon "erledigt", überholt einfach dadurch, daß sie gestellt worden ist. Man weiß, je wacher man liebt, desto bedrängender, um die Gefahr des Redens. Doch wie soll man anders das Unsagbare rühmen?[7] Abelone gar fragt nicht nur einfach, die Frage drängt sich ihr bereits als Lied auf die Lippen.

Stummheit schließt das Wort von sich aus, und Reden überwindet die Stummheit. Das Schweigen aber wird durch Worte nicht in jedem Fall "gebrochen", es vermag in ihnen hörbar zu werden - wenn nur das Reden nicht sich meint, sondern den Einklang, aus dessen Wortlosigkeit es hervorgeht und in die jedes Wort solchen Redens sich aufhebt. Dann trägt das Schweigen Rede und Antwort, das gegenseitige Hören und die Pausen des Sinnens, und das Gesprach läßt sich von diesem Schweigen tragen. So findet sich hier dasselbe Verhältnis, das wir schon mehrmals bedacht haben. Reden und Schweigen stehen nicht nebeneinander, sie wechseln einander auch nicht eigentlich ab; in der Stunde des Festes werden sie eins - wie die beiden Menschen darin.

---

[6] R. M. RILKE, Werke (S. 18²) VI 936. "Umgekehrte Scham der Liebe, die vor den Worten errötet, womit sie sich bekleidet... Der Leib errötet über seine Nacktheit, die Seele über ihre Gewänder" (G. THIBON, Das Leben zu zweit, Basel 1955, 106).

[7] Um noch einmal ST. LEC zu zitieren (Das große Buch der unfrisierten Gedanken, München 1971, 127): "Worte seien überflüssig? Und wo brächte man unter, was zwischen den Worten steht?"

Darum können die Liebenden miteinander "alles bereden", die kleinen und nichtigen Dinge (bis hin zu dem, worin sich einer lächerlich gemacht hat - und sie lachen dann zusammen), aber auch die hohen, innersten (bis zu den eigenen Erfahrungen mit Gott - und aus solchem Gespräch beten sie dann miteinander).

Zugleich jedoch verstehen sie sich ohne Worte. Sie sprechen ja nicht nur, um zu verstehen; darum bedarf es der Erklärungen nicht. Und ist es das Glück der Liebe, daß sich Leichtes und Schweres hier unbeschwert sagen läßt, so ist es nicht minder ihr Glück, daß gegebenenfalls einer dem anderen das ausdrückliche Wort erspart. In diesem Schweigen wie in jenem Reden-dürfen reift dann der Einklang, der die Gefahr des Geschwätzes wie die des Verstummens gleicherweise hinter sich gelassen hat.

In solchem Fest aber, in dem die Liebenden einander still zu Wort kommen lassen (und so allein ihnen das rechte Wort kommt), in solchem Fest kommen nicht nur die Liebenden zu sich, sondern zugleich auch die Sprache. - Von hier aus bestimmt sich darum, was Sprache eigentlich ist und was sie sein soll. Einer von denen, die am tiefsten über sie und von ihr her gedacht haben, FRANZ ROSENZWEIG, hat den Ursprung von Sprache (und allem Erzählen") im gemeinsamen Gespräch erblickt; aber er kennt eine Weise des Sprechens, die dem Ziel nach auch noch über das Gespräch hinausführt und die er den *Zwiegesang* nennt. Zwar wird auch in ihm erzählt und miteinander gesprochen; doch all das dient einem anderen: dem gemeinsamen Sagen des "Stammworts" der Sprache, des Ur-Ja. (So schweigt man eigentlich von dem, was man erzählt, und sagt vielmehr das, was man im Gespräch verschweigt).

Schematisiert hat der Zwiegesang darum diese Form:

I	II
Wir wollen singen, denn	
es ist so	Ja, es ist so
Ja, es ist so	Ja, es ist so

Wobei jedes "Ja, es ist (und *sei*) so", jedes "Ja und Amen", das Ich oder Du, mich oder dich, ja, mich *und* dich, unser Einssein meint.[8] Sprache ist ursprünglichst zwei-eines Ja.

Wie zur Antwort in einem Gespräch über Grenzen hinweg lesen wir bei ERNST FUCHS die folgende "Übersetzung" des Johannes-Prologs: "Im Anfang war das Ja, und das Ja war

[8] Der Stern der Erlösung, Heidelberg [3]1954, II 181-193; vgl. B. CASPER, Das dialogische Denken, Freiburg 1967, 129.

bei der Liebe, und Liebe war das Ja."[9] Diese Übertragung verdeutlicht nicht nur, was nach dem christlichen Glauben der Name 'Gott' sagen will[10] und was wir unter seinem WORT zu verstehen haben: "In ihm ist das Ja gekommen."[11] Sie bringt, entsprechend dem Ergebnis ROSENZWEIGS, das Wesen von Sprache überhaupt zu Wort. Sprache ist Gemeinsamkeit im Ja. Und das Schweigen in ihr lebt die "Unsäglichkeit" dieser Bejahung (unsäglich nicht anders, als wir die Seele unsichtbar nennen[12]).

Dennoch kennen wir auch ein anderes Schweigen zwischen Menschen; es kann ein noch strengeres Nein sein als die verletzendsten Worte. Und wie erst jenes Schweigen, das nicht einmal Nein sagt, in das hinein die Liebe des Anfangs zu scheinbar völliger Gleichgültigkeit verstummte?

Zwischen solchem Verstummen und dem stillen Wort des reinen Ja gehen tagtäglich die Worte des Paars hin und wieder. Sie verstehen einander darin, aber sie erfahren auch immer neu die Grenzen ihres Verstehens. Sie haben das Sprechen der Liebe erfahren "wie einer, der eine herrliche Sprache hört und fiebernd sich vornimmt, in ihr zu dichten". Aber nun müssen sie die Demütigungen der Anfängerschaft auf sich nehmen, die sie zwingt, das anfängliche Gold ihres Glücks "unaufhörlich zu verwandeln in das klumpige Blei der Geduld".[13] Der Geduld mit dem anderen und mit sich selbst.

Wie lernende Kinder buchstabieren sie ihre Namen und darin den einen Namen ihrer Gemeinschaft. Für Augenblicke gelingt es; dann ist er wieder verloren. So leben sie gewissermaßen in zwei Sprachen, "wie HOMER von einigen Dingen sagt, daß sie zwei Namen haben, den einen in der Sprache der Götter, den andern in der Sprache der übertägigen [= vergänglichen] Menschen".[14]

Dennoch wird für sie die Rede vom "klumpigen Blei" nicht die ganze Wahrheit enthalten. Geduld verlangt ja gerade, sich und das Mißlingen nicht schwer und ge-wichtig zu

---

[9] Glaube und Erfahrung, Tübingen 1965, 308.

[10] Siehe oben S. 56.

[11] 2 Kor 1, 19f; siehe J. SPLETT, Er ist das Ja, München 1964.

[12] Dazu oben S. 47.

[13] R. M. RILKE, Aufzeichnungen des Malte Laurids Brigge (Anm. 6) 943f.

[14] G. W. F. HEGEL, Enzyklopädie, Hamburg [6]1959, 12 (Vorrede zur 2. Auflage).

nehmen. Wahre Geduld ist in allem Ernst und Einsatz immer auch schon "fröhlich". Die Kraft dazu fließt aus der Erfahrung, daß dem, der "Ohren hat", im Buchstabieren bereits sich der gemeinte Name zuspricht. Die beiden Sprachen reden ja nicht von Verschiedenem, sie meinen dasselbe - und die Liebenden sind darüber verständigt.

Wir reden "übertägig", um nicht stumm zu bleiben; doch in diesem "ephemären" Reden lebt schweigend die Erwartung unseres ewigen Wortes, die Hoffnung unserer Liebe auf ihre Endgestalt.

III. HOFFEN AUF DIE ENDGESTALT

In den Besinnungen dieses Buches hat sich immer wieder eine merkwürdige "Gegenwendigkeit" gezeigt. Vom Eins der Grundgestalt reden hieß, ihre gefügte innere Spannung bedenken; im Ernst des Unterschieds zeigte sich die unterscheidende Einheit; Dienst war Dienst nur als Spiel; und unter dem Titel "Das stille Fest" haben wir den Gesellschafts-Bezug der Ehe erwogen. Spricht sich darin nur private Eigenheit aus - oder zumindest die Eigenheit bloßen Denkens (das die Wirklichkeit nur "dialektisch" aussagen kann)?

Wir glauben nicht. "Dialektik" verweist uns zurück zum Dialog; auf das Gespräch, das nicht nur "über" Dinge und Verhältnisse geführt wird, sondern das die Wirklichkeit erst zu sich bringt. Die Welt als Welt-im-Wort ist Welt im Raum der einander entgegnenden Worte. In diesem Sinn gelten von ihr die dunklen Sprüche HERAKLITS: "Das widereinander Strebende zusammengehend; aus dem auseinander (Gehenden die schönste Fügung."

"Man versteht nicht, wie (die Gestalt) auseinander getragen mit sich selbst (in Sinn und Sprache) zusammengeht: gegenstrebige Vereinigung wie des Bogens und der Leier."[1]

Man mag es nicht verstehen, oder bescheidener (weil es uns einschließt): *niemand* versteht dieses Gegen-Eins; aber die Liebenden *erfahren* es. Ehe im ganzen wie in den Geschehnissen, in denen sie sich vollzieht, Ehe in Arbeit und Spiel, im Einklang und sogar im Streit ist eben dieses: gegenwendige Einung.

Dennoch lebt sie diese Wahrheit noch nicht rein. Augenblicken und Stunden, da man meint, das Eins habe die (unabdingbare) Gegenkehr überstiegen und als vorläufig zurückgelassen, folgen Zeiten, in denen das Gegenstreben die Einheit verbirgt, sie scheinbar zerreißt und ihre Erfahrung als Traumbild "entlarvt".

Hier aber hat die Hoffnung ihren Ort. Freilich ist die Einheit unsichtbar - wer jedoch hofft, was er schon sieht und hat? Gleichwohl ist Hoffnung kein vages Vermuten oder "verzweifeltes" Sich-Versteifen ins Leere hinein. Als begründete vielmehr muß sie auf Erfahrungen gründen. Und tatsächlich hat sie das unsichtbare Eins schon als das Stärkere *erfahren*.[2] Solche Erfahrung verbrieft keine Sicherheit (erst recht nicht "Sicherheiten"); doch sie schenkt jene Gewißheit, aus der man lebt.

---

[1] Fr. 8 und 51.

[2] S. 47.

Die Gegenwendigkeit wiederholt sich also nochmals in der Hoffnung selbst. Von den Versagungen herausgefordert, angegangen vom Schmerz, von der Schuld und vom unausweichlichen Tod, kommt sie gerade in solcher Bewährung erst zu ihrer Wahrheit. Weder Leichtsinn noch Trotz, erfüllt sie sich als "Hoffnung wider alle Hoffnung" (Röm 4, 18).

So aber ist sie ihres Endes gewiß: ihrer Vollendung. (Ein letztes Mal soll HERAKLIT das Wort bekommen:) "Wenn man es nicht erhofft, wird man das Unerhoffte nicht erfahren"[3]: das, was über alle Hoffnungen hinausliegt, was man nicht zu hoffen wagt, was wir nicht einmal nennen können und was dennoch unnachgiebig unser Hoffen treibt und trägt.

1. Wirksamer Schmerz

Will man sich der Frage, die der Schmerz uns aufgibt, redlich stellen, muß man sie "wörtlich" nehmen, das heißt, den Schmerz als körperlichen Schmerz bedenken. Dann aber zeigt sich, daß er - wo es wirklich ernst wird - uns die Sprache *raubt*.

Entweder schreit man oder man "beißt die Zähne zusammen", aber man redet nicht im Griff des Schmerzes.[1] Später dann, oder wenn sein Zugriff sich lockert, versucht man ihn zu beschreiben; man spricht von Stechen, Brennen und Klopfen, von Ziehen, Druck oder Wühlen, man nennt ihn heiß oder dumpf, reißend, zerrend und wie noch immer. Doch die Sprache faßt ihn nicht. Und da wir nur in ihr beieinandersein können, ist im Schmerz jeder allein.

Eingehüllt in sein Fieber, sieht er den andern sich um ihn bemühen; aber alle Sorge und Zärtlichkeit reicht nicht an ihn heran. Und wenn der wütende Angriff ihn packt, ihn zusammenpreßt und zugleich ihn aus sich herausreißen will, wenn er sich dann zu halten sucht, sich an die Hand und den Leib des andern klammert, so ist es nicht anders, als krallte er sich in Leinen und Holz. Erst wenn die Woge verebbt und er aufatmend losläßt, wird ihm die Hand, nach der er griff, wieder zur Hand. Zugleich erkennt er, daß nicht sie es war, die ihn hielt oder gar etwa den Schmerz zurückschlug, daß vielmehr der Schmerz "an sich hielt" und

---

[3] Fr. 18.

[1] Vgl. G. E. LESSING, Laokoon, in: Gesammelte Werke, Berlin ²1968, V 14-18. E. SCARRY, Der Körper im Schmerz, Frankfurt/M. 1992, 11-23.

ihn nun freigab; der Schmerz "spielt" mit ihm, und der Mensch an seiner Seite kann nur zuschauen.

Damit nicht genug. Versucht dieser Mensch, mehr als irgendein Anhalt zu sein, will er dem Leidenden zureden, ja rührt auch nur sein mitfühlender Blick ihn an, dann vermag er nicht einmal diesen Halt zu gewähren. Alles Helfenwollen quält nur, und wie eifersüchtig bricht der Schmerz erst recht - gar "ausfällig" gegen den Helfer - hervor.

So vereinsamt der Schmerz nicht nur den, dessen Körper und Leib er anfällt. Er trifft auch den anderen und isoliert ihn nicht minder. Man hört die Beschreibungsversuche des andern, man sucht in sich das Gedächtnis ähnlicher Schmerzen. Doch ein erinnerter Schmerz tut nicht weh. Man steht wie an Land, während den anderen der Wirbel packt.

Der Schmerz vereinzelt, und der Brückenschlag des Mitleids trennt erst recht. So verlangt man danach, den Schmerz im Ernst, das heißt leiblich, zu teilen. Aber im selben Moment würde er sich verdoppeln. Jeden schwemmte dann seine eigene Woge davon. In solchem Meere treibt man nicht gemeinsam.

Und doch. - Nun soll und darf freilich hier nichts beschwichtigt werden. Aber wiederum[2] ist die Erfahrung selber wahrzunehmen, nicht daß sie *mich* oder *uns* trifft. Es hieß etwa eben, erinnerter Schmerz schmerze nicht. Gewiß kann die Erinnerung an ihn quälen; aber man stünde dann gerade nicht in jenem Schmerz, sondern in Leid (sei es als Selbstmitleid, sei es als Mitleid mit dem, dem man damals zur Last fiel) oder in Angst (vor der Rückkehr des Schmerzes). Der Schmerz der Erinnerung distanziert vom erinnerten Schmerz, statt ihn gegenwärtig zu machen. Darum sucht der Liebende am Bett des Kranken zwar nach erfahrenem Schmerz; aber es kommt ihm nicht in den Sinn, sich schmerzlicher Erinnerung zu überlassen.

Er blickt auf den Schmerz des anderen in all seiner unzugänglichen Fremdheit; er faßt ihn nicht, aber er läßt nicht ab, sich ihm entgegenzuhalten, von Woge zu Woge, die auf den Geliebten zukommt - *und auf ihn selbst*. - Mitleid und Weh distanzierten; indem er sich aber dem Schmerz des anderen aussetzt (ganz schlicht und "sachlich" und so selbstvergessen, daß noch das 'sich' zu "gewollt" klingt), indem der Schmerz des andern so auch auf ihn wirklich eindrängt (und so wenig durch irgendwelche Reflexion "verarbeitet" wird wie im Leidenden selbst - wie fände man dazu auch Zeit?), indem er zwar nicht "im" Schmerz, aber mit allen

[2] Siehe oben S. 59f.

Kräften ihm gegenüber, völlig "bei" *ihm* ist, sind sie nun doch beieinander - auch wenn sie es jetzt nicht wissen und es sich nicht sagen können. - Auch dieses Eins gehört zu dem, wovon uns nur begegnet, daß es uns begegnet ist. Und das bezeugt seinen Rang.

So läßt sich dieses Eins dann auch vom Leidenden her behaupten. Gewiß weiß er davon solange nicht, als ihn der Schmerz "außer sich" bringt. Aber hier gilt strikt dasselbe wie bei der früher[3] bedachten Erfahrung (vereinzelt die Lust doch nicht minder).

Für beide gilt allerdings auch die Warnung von der Gefährlichkeit alles Redens darüber.[4] In beiden Fällen können wir uns und den anderen täuschen, wenn wir die Erfahrung - sie "im Rücken" - nun im Wort zu fassen suchen. Völlig sichere Kriterien gibt es hier nicht, nur das, was IGNATIUS VON LOYOLA "Regeln zur Unterscheidung der Geister" genannt hat. Die aber gibt es, und sie sind nicht nur im religiösen Bereich, sondern genauso in unserer Frage von größtem Gewicht. Es ist darum kein Versuch unangebrachter "Säkularisierung", wenn wir die Regeln seiner *Exerzitien*[5] unmittelbar auf unsere Problematik beziehen.

Darum nämlich geht es in beiden Erfahrungen (im Schmerz nicht weniger als in der Lust): um das "Erkennen" der Geister, des eigenen und des andern sowie des gemeinsamen Geistes unserer Liebe. Dafür bietet sich uns kein exakter Test. IGNATIUS spricht von "Trost" und meint damit "jeglichen Zuwachs an Hoffnung, Glaube und Liebe und jede innerliche Freude" (Nr. 316); aber Trostlosigkeit und die "Unruhe durch verschiedene Umtriebe und Versuchungen" (317) beweisen nicht schon das Fehlen der Liebe. IGNATIUS deutet sie dreifach (322): zum ersten freilich als Wirkung von Lauheit und Nachlässigkeit, zum zweiten aber als Chance einer Liebe, die keine "Belohnung an Tröstungen" braucht, schließlich als Belehrung darüber, daß die Freude der Hingabe, das Glück der Selbstlosigkeit stets Geschenk sind (und nicht, wie wir gern meinen, sich der Kraft eigenen Aufschwungs verdanken).

Die Liebe schließt also Zeiten der Dürre und fehlender Freude nicht aus. Doch umgekehrt - und hier erhalten wir den entscheidenden Hinweis - gibt es die wahre Freude nur durch sie (329). Eine verlogene "Liebe" wäre trotz allen Glücks dazu nicht fähig. Wahr aber ist die Freude, wenn sie zum Guten beschwingt (331), und dies nicht auf dem Weg

---

[3] S. 69f.

[4] Siehe S. 9 und (S. 77) Abelones Lied.

[5] Geistliche Übungen, Leipzig, Graz/Wien/Köln 1978; wir nennen statt der Seitenzahl die eingeführten Abschnitt-Nummern.

irgendwelcher Spitzfindigkeiten (332 - man weiß im innersten schon, warum man auf sie verfällt), sondern auch in der *Einfalt* des Guten.

So läßt das Gespräch der Aneignung durch die Weise, in der es geführt wird, den Geist der wortlosen Erfahrung deutlich werden, aus der es hervorgeht. Und ist es ein Gespräch vertiefter Liebe, dann bezeugt es deren Einheit im sprachlosen Schmerz, auch wenn der Gequälte keinen Gedanken an sie gewandt hat.

Das Scheidewasser des Schmerzes löst alle spürbaren Bindungen auf; doch als unangreifbar bewährt sich in ihm das Ungreifbare: jenseits der Harmonie der Gefühle die "unsichtbare Fügung" von Person und Person. - Doch kann es sich genauso ergeben, daß im Bad dieser Prüfung sich wirklich alles gelöst hat, daß man nun erkennt, die sichtbare Fügung sei schon das Ganze und "nichts dahinter" gewesen.

In der Regel liegt das Ergebnis *zwischen* den beiden Grenzmöglichkeiten. Liebgewordene Vorstellungen, Bilder, die man sich vom anderen und von sich selber gemacht hat, sind als Täuschung entlarvt und zerstört; doch ebenso tritt die Wahrheit beider und die Wahrheit ihrer Einheit geläutert hervor. In beidem aber hat der Schmerz gewirkt, ja, es handelt sich nur um zwei Seiten seiner einen Wirkung - ob zerstörend oder reinigend: Schmerz klärt.

Um das zu vollbringen, bedarf er indessen nicht immer jenes Angriffs, der zwei Menschen zu äußerstem wortlosem Widerstand zwingt. Der Schmerz vermag auch unscheinbar wirksam zu werden; so dort, wo er beiden Atem genug läßt, ihr Verbundensein im Wort zu bezeigen. Freilich ist solches "Bekennen" von Lüge und besonders Selbstbetrug bedroht. Soll sich hier - in täglicher Rücksicht, in Frage und Ratschlag, in Mitgefühl und Anteilnahme - ihre Einheit bewähren, dann muß sie sogar fester sein als ihre "Kampfgemeinschaft", weil sie gegen Zeit und Gewöhnung im Kampf steht. Statt Mut steht hier Starkmut an - und unabgestumpfte Geduld. Solche Einheit, nicht bloß geistvolle Liebenswürdigkeit, mag sich darum in jenem Wort bekunden, das uns als Zitat aus einem Brief Madame DE SÉVIGNÉS an ihre erkrankte Tochter begegnet ist: "Ihre Brust tut mir weh".[6]

Doch besteht der Dienst des Schmerzes und seine Wirksamkeit nur darin, solche Einheit "freizulegen"? Wir haben uns von Anfang an nicht vorgenommen, das unlösbare Rätsel des Schmerzes zu lösen. Alles, was man dazu vorbringt, bleibt zuletzt doch ungenügend und befriedigt nicht. Aber Meditation will ohnehin nicht Rätsel lösen, sondern das Rätselvolle in

[6] J. M. PERRIN, Die acht Seligkeiten als Botschaft der Freude, Freiburg 1959, 86.

seiner ganzen Befremdlichkeit vor den Blick bringen. "Betrachten" wir derart den Schmerz, dann ist er erst zu einem Teil beschrieben, wenn man ihn als Prüfung versteht. Nicht nur, weil sich dann die Frage aufdrängt, warum es dabei so quälend zugehen muß (den Stachel des Schmerzes zieht ja *keine* Deutung aus dem Fleisch), sondern weil er sich unmittelbar als mehr enthüllt.

Wir haben sein Wirken läuternd genannt, insofern er die Wahrheit einer Bindung klärt. So aber klärt er nicht nur die Vorstellung von ihr, sondern sie selbst; das meint man ja üblicherweise, wenn man von der läuternden Macht des Schmerzes spricht. Und mehr noch als in seiner Heftigkeit wirkt sie in der unerbittlichen Dauer des Schmerzes.

Ob sich im Gang einer solchen Erprobung das Einssein der Liebenden nun bewährt oder ob es zerbricht, in jedem Fall wäre es voreilig zu erklären, damit sei nur aufgedeckt, was immer schon war. Gerade wenn eine Liebe nicht standhält, greift man nach dem bitteren Trost, sie sei niemals eine gewesen. Gewiß ist sie nicht so stark gewesen, daß sie der Belastung widerstand (und nicht so stark, wie man glaubte), aber die Liebenden sind, wie der Mensch überhaupt, unterwegs. Sie gehen wie zwischen dem Abgrund des Nichts und den Gipfeln des Alles ihren gefährdeten menschlichen Weg, und dieser Weg ist nicht eine im voraus festgelegte (gar geebnete) Bahn: Er wird strengen Sinnes erst von ihnen ergangen, "Weg, der sich von Gott her dem Menschen unter den Füßen erzeugt."[7]

Schritt für Schritt also wird der Weg von Gott und vom Gehen des Menschen "gemeinsam" gebahnt. Aber nicht jeder Schritt ist von gleicher Bedeutung. Man kann lange Zeit vor sich hin gehen, bis sich auf einmal (vielleicht angekündigt, doch auch ohne Warnung) ein Hindernis in den Weg stellt. Darunter gibt es Barrieren, die man rechts wie links umgehen kann, um dann die Richtung fortzusetzen. Die entscheidenden Hindernisse jedoch auf dem Weg der Freiheit sind von jener Art, daß sie eine neue Richtung erzwingen: Man muß an ihnen und von ihnen aus entweder hinauf oder hinab.

Dieser Sachverhalt ist nicht immer deutlich bewußt. Wenn ein Mensch den anderen glaubt auf die Probe stellen zu dürfen, dann erfährt er doch niemals genau, was der andere war, weil sich davon nicht trennen läßt, was er durch eben seine Probe aus ihm gemacht hat. Er erfährt ihn stets als stärker oder schwächer, "besser" oder schlechter", als er vorher war und ohne diese Probe wäre.

---

[7] R. GUARDINI, Vom lebendigen Gott, Mainz, [3]o. J., 54.

Eine solche Probe ist nun der Schmerz. Er bringt nicht nur Stärke und Schwäche ans Licht, er selbst stärkt oder schwächt. Daß er schwächt, leuchtet ein. Aber wie kann er stärken? - Daß er es vermag, ist offenbar unbestreitbar. Darum redet man ja von der Läuterungskraft des Schmerzes. Aber warum besitzt sie nur er (oder jedenfalls: er vor allem), und was an ihm hat diese Kraft? Liegt hier nicht bloß eine Vertauschung vor, mit der der gequälte Mensch sich zu beschwichtigen sucht? Denn es schmerzt, wenn man wächst - und vielleicht erträgt man diese Schmerzen besser, wenn man glaubt, *durch* sie zu wachsen. Tatsächlich *verkümmert* nicht weniges unter ihnen (und nicht nur Wachsen, auch Absterben schmerzt).

Jede Veränderung bereitet Schmerz, weil sie einen Abschied, ein Trennen bedeutet. Jedes Wachsen (in dem man doch mehr man selbst wird) ist zugleich ein Selbst-Verlust.Die bisherige Gestalt zerbricht, und wenn sie auch eine neue, reifere Gestalt entläßt, sie selber stirbt. (So wird verständlich, daß man das Gute an seiner Schwere hat messen wollen;[8] da wir noch nicht gut sind, muß es uns schmerzen - je reiner es ist, um so mehr.)

Gleichwohl reifen wir nicht einzig *unter* Schmerzen, sondern auch durch sie. - Man sagt uns, der Schmerz mache gerade dadurch reif, daß er klärt. Seine tiefere Wirkung entspringt also unmittelbar seiner zuerst bedachten Dienlichkeit: Er stärkt uns, indem er aufweckt; er gibt uns Macht, weil er Wissen verleiht.

Durch die Jahrhunderte hin hat man den Satz des AISCHYLOS wiederholt, daß "des Denkens Kern" in der Satzung des Zeus liege: "Durch Leiden lernen". "Das Recht steht und verhängt: Es lernt erst, wer leidet."[9] Aber man hat sich auch stets gegen diese Erklärung gewandt. Wieviel verlernt man im Schmerz (und ist es nur Dornröschen-Weisheit, daß sein Stich *betäubt,* daß erst der Kuß der Liebe aufweckt)?

Freilich weckt auch das Glück und schenkt Klarheit. Auch in ihm werden die Dinge durchsichtig und zeigen, daß nicht sie uns tragen, daß vielmehr sie wie wir von etwas anderem getragen werden. Aber das Glück trägt uns so, daß wir fast immer glauben, uns selbst seien Flügel gewachsen. Erst im Wirbel des Schmerzes zerbricht dieser Glaube. Das Glück, das uns weckte, hindert uns nicht, doch weiter zu träumen; erst der Schmerz "wirft uns hinaus, damit wir werden".[10]

---

[8] Siehe S. 61f.

[9] Agamemnon 175ff, 250f.

[10] Siehe S. 50.

Der Schmerz also belehrt den Menschen über sich. Aber welche Macht gibt dieses Wissen? Ist es nicht, je tiefer, desto auswegloser die Erfahrung seiner Ohnmacht? Daß es immerhin noch mächtiger, nein: weniger ohnmächtig sei als *ahnungslose* Schwachheit, genügt nicht zur Antwort. Mehr aber kann der Schmerz aus sich selbst nicht geben. Wenn es trotzdem wahr bleibt, daß wir durch ihn wachsen, dann sind wir also genötigt, das "durch" genauer zu nehmen, als es bisher geschah. Es kann nicht den Ursprung, nur den Weg der Kraft bezeichnen, die uns zukommt.

Der Schmerz macht nicht stärker; an ihm, im Ringen mit ihm erstarkt der Mensch und wächst seine Liebe von dorther, woraus beide leben. Diese Einsicht erklärt nichts und macht auch den Schmerz nicht begreiflich. Doch läßt sie verstehen, warum ein Mensch ihm nicht flucht, ja ihn sogar segnet.

Wem der Zusammenhang von Schmerz und Erkenntnis klar geworden ist (*selbst* eine schmerzliche Einsicht, und was darin dunkel bleibt, das Woher und Warum dieses Zusammenhangs, weist uns erst recht in Schmerzliches: in das Geheimnis der Schuld), wer also erkannt hat, daß nicht nur Erkennen weh tut, sondern daß man offenbar nur durch Schmerzen erkennt, den schmerzt dann gerade seine Feigheit und Wehleidigkeit vor dem Schmerz. Denn es zeigt sich ihm darin die Kraftlosigkeit seiner Liebe. - Liebe "beherrscht" den Schmerz; zwar keineswegs so, daß sie ihn nicht empfände oder ihn stoisch verschwiege -, aber wie man eine Kunst oder ein Instrument beherrscht: Sie bedient sich seiner, um zu wachsen.[11]

Welch ein bedenkliches Verhältnis zwischen Schmerz und *Lust* besteht, sagt dem, der es noch nicht wüßte, die heutige Psychologie. Darum führt es zu nichts, (optimistische oder pessimistische) Bilanzen aufzustellen. Man greift auch fehl, wenn man den Schmerz als Weg zur Lust (und das Leid als Stufe zum Glück) genehm machen will.

Die Einheit von Person zu Person steht jenseits von Lust und Schmerz (beziehungsweise "inseits" ihrer, da sie ja nicht in einer Überwelt liegt, sondern in ihnen lebt). So aber ist sie von ihnen her unbestimmbar; allerletzt zeichnet nicht der Schmerz (oder die Lust) eine Liebe und bestimmt ihren Rang, die Liebe gibt umgekehrt ihm (und der Lust) erst die wahre Bedeutung.

So schreibt C. S. LEWIS vom Himmel: "Wir brauchen nicht anzunehmen, die Notwendigkeit dessen, was der Selbstüberwindung entspräche, werde jemals aufhören, oder das Ewi-

---

[11] Spiel-Ernst, Kap. 4: Schwachheit als Gnade und Wohltat des Schmerzes.

ge Leben sei nicht zugleich ein Ewiges Sterben. In solchem Sinn könnte es - so wie die Hölle ihre Freuden haben mag (Gott bewahre uns davor) - im Himmel etwas geben, das dem Schmerz nicht ganz unähnlich wäre."[12]

Lesen wir "Himmel" jetzt ruhig "untheologisch": als die wie auch immer erreichte Erfüllung der Liebe, als ihre Selbst-Einigkeit (und das heißt: Seligkeit "jenseits" von Schmerz oder Glück). Dann haben wir den Schmerz zwar nicht gedanklich aufgelöst, aber ihm seinen wahren Ort eingeräumt: im Herzen der Liebe (und als das Schmerzlichste an ihm stellt sich heraus, daß er in uns bislang noch nicht an seinem Ort ist).

Ebenso aber zeigt sich nun seine eigentliche Gefahr. Ist der Schmerz allerletzt das "Ewige Sterben" des Lebens, der Selbst-Verzicht, darin allein es mit sich eins ist, dann kann er das Selbst zum Nein gegen solch ein Leben versuchen. - Zuvor hieß es: daß der Schmerz schwächt, leuchte ein, zu fragen sei, wie er stark macht. Nun öffnet sich auch in der Klarheit des ersten ein Abgrund.

Der Schmerz des Todes reizt zum Nein gegenüber dem Leben. Und mehr: In der Weise, wie der Schmerz uns trifft, ist wirklich etwas, das sich nicht schlicht "akzeptieren" läßt (und das auch unsere letzten Gedanken nicht auflösen wollten). *So* darf der Schmerz des Lebens nicht quälen, so kann er darum nicht "von Anfang an" gewesen sein[13]: Auch außerbiblische Überlieferungen bekunden, daß der Schmerz, wie er uns jetzt begegnet, nicht bloß Schmerz des Lebens sein kann (der zum Nein nur reizt); er ist vielmehr vom Nein stets schon gezeichnet, Schmerz *des* Nein. Im Rätsel des Schmerzes erscheint das Geheimnis der Schuld.

---

[12] C. S. LEWIS, Über den Schmerz, Freiburg 1966, 148.

[13] Das soll die "Würde des Schmerzes" und den "Adel des Leids" nicht bestreiten. Die Rede davon besitzt ihre Wahrheit. Aber wahrhaftig ist sie nur dann (und wird nur dann zur ganzen Wahrheit), wenn sie zugleich die chassidische Einsicht bewahrt, daß noch die niedrigste Lust die Freude Gottes spiegelt, selbst das edelste Leid jedoch aus der Schuld stammt.

2. Schmerz der Schuld

Der Schmerz fordert zum Kampf heraus; doch gleichzeitig lähmt er die Kräfte. Man tritt für das Leben gegen ihn an; doch zugleich ist er eine Bedingung des Lebens. So wird der Kampf, in den wir gestellt sind, zum Spiel, das "man" mit uns treibt. Was Wunder, wenn der Mensch nicht "gute Miene" dazu macht, sondern Nein sagt, Nein nicht zum Schmerz allein, sondern - wegen des Schmerzes, der Endlichkeit überhaupt - zu diesem Leben selbst.

"Nein zum Leben als Verweigerung des Todes" scheint uns tatsächlich die Formel dessen zu sein, was man als Sünde, als Schuld, als das Böse bezeichnet. Aber wir hätten die Schuld nicht Geheimnis genannt, wenn diese Formel sie erklären würde. Das Eigentümliche am Bösen ist ja, daß ein jeder, aus geheimstem Einverständnis heraus, es versteht (denn wer verstünde sich nicht auf die Bosheit der Selbstsucht?) und es sich und anderen doch nicht erklären kann ("sich nicht erklären kann, wie er dazu kam").

Freilich zeigt dieses Unvermögen sich erst nach der Tat. Vorher und im Tun selbst kann man es bestens erläutern und rechtfertigen. Wenn man sich also auch hinterher wundert - zuvor gilt tatsächlich: "Was Wunder?". Dann aber ist der Einleitungssatz des Kapitels nochmals - mit anderen Augen - zu lesen. Wie, wenn seine Klarsicht nur der Verblendung der Selbstsucht entspränge? - Wir haben früher bereits[1] die "Regeln zur Unterscheidung der Geister" für unsere Überlegungen herangezogen. Danach war der entscheidende Ausweis der Wahrheit die Freude, die zum Guten beschwingt. An solchem Maßstab geprüft, kann dieser Absatz nicht wahr sein, auch wenn sein Beweisgang schlüssig scheint.

Dann aber gilt es - statt auf seine Argumente einzugehen -, erst den Boden zu gewinnen, auf dem vor aller Antwort überhaupt die Frage richtig gestellt werden kann. Vielleicht kommen wir in die Wahrheit der Frage, wenn wir zunächst den Schuldigen (und erst recht seine Beweise) verlassen und auf den blicken, dem er den Schmerz seiner Schuld zufügt. Einmal bekommt Schuld in dieser Sicht von Anfang an ein anderes Aussehen. Und dann wollen wir ja so wenig wie über den Menschen schlechthin über Schuld an sich nachdenken, sondern über die Last der Schuld in der Ehe.

Man muß nicht an die Schuld des Ehebruchs denken, auch weniger schwere Verfehlungen, ja das alltägliche Versagen des kleinen Egoismus, die Lieblosigkeiten der Unge-

[1] S. 84f.

duld und Unaufmerksamkeit zeigen, worauf es ankommt: Schuld ist Rückzug aus dem lebendigen Austausch der Einheitsgestalt.

Auch arger Schmerz isolierte; aber er war eine äußere Macht, die den geliebten Menschen an sich riß. Indem man sich ihr - wie ohnmächtig immer - entgegenwarf, rang man mit dem *gemeinsamen* Feind, und kämpfte man auch nicht fühlbar *mit* dem Geliebten (er war ja schon in der Gewalt dieses Fremden), so doch für ihn. Hier aber ist es der andere selbst, der sich entzieht. *Er* widerruft das Mit-ihm. Soll man nun für ihn gegen ihn streiten?

Eine Lösung sei hier ausgenommen: die der ausdrücklichen Resignation. Juristisch gesprochen: die Scheidung. (Trennung hingegen steht noch - wenn auch als äußerster Grenzfall - im Ring des gemeinsamen Lebensentwurfs. Besorgnis und Sorge, Sich-Bekümmern der Liebe gehen hier weiter, und grundsätzlich besteht das Ziel der Einung fort.)

Die ausdrückliche Resignation glaubt den Kampf dadurch zu vermeiden, daß sie den andern mit seiner neuen Entscheidung in eins setzt. Sie erkennt ihm also jetzt die Einheit mit sich selbst zu, indem sie *mit* ihm seine frühere "Einwilligung" als abgetan ansieht. Doch eben damit stimmt sie dem Selbst-Widerspruch in ihm zu; denn das ursprüngliche Ja war wirklich das seine.[2] Indem sie also *mit* ihm entscheidet, kehrt sie sich (mit ihm) *gegen* ihn und die eigene Einwilligung.[3]

Denselben Sachverhalt ergäbe jene Resignation, in der man, auch ohne juristische Konsequenzen, für sich selbst das gleiche "Recht" zum Widerruf in Anspruch nähme. Das Mit-eins wird zur Komplizenschaft im Selbstzerfall; es löst sich auf zu bloßem Nebeneinander. Dem eventuellen äußeren Anschein zuwider wäre damit die Einheit beider zerstört, und dies zuletzt darum, weil ihre eigene Einheit, die Identität eines jeden nicht mehr besteht.

---

[2] Dies freilich, der Ernst des ersten Ja, wird hier (wie stets in diesem Buch) vorausgesetzt. Die schweren und wichtigen Fragen, die der Fortfall dieser Voraussetzung aufwirft, sind nicht mehr Sache unserer *ehelichen* Besinnung. Auf der anderen Seite ist der rechtliche Aspekt bewußt ausgeklammert, obwohl wir JOSEPH RATZINGER voll zustimmen, wenn er schreibt, ehekonsituierend sei nicht die personale Liebe allein schon, "vielmehr das Ja der Ehepartner (je personaler, desto besser) als ein von der Gemeinschaft angenommenes und geordnetes. Das Eherecht ist nicht eine äußere Zutat zur an sich sich selbst genügenden Liebe; es gehört zum Wesen der menschlichen Ehe, weil der Mensch von Natur aus ein auf Recht bezogenes Wesen ist" (Zur Theologie der Ehe, in: Theolog. Quartalschrift 149 [1969] 53-74, 69). Der Mensch ist Person, Kap. 6: Lebensform Ehe.

[3] Damit soll, um es zu wiederholen, nicht die Frage negativ entschieden sein, von der es eben hieß, sie werde ausgeklammert. Wer die Geschichtlichkeit unserer Freiheit ernst nimmt, soll, ja *darf* vielleicht nicht immer so entscheiden wie Don Pelayo (S. 52f). Aber - insofern wir hier auf "das Schwarze der Scheibe" (S. 20) zu zielen versuchen - er würde keinesfalls die erste Einwilligung für abgetan nehmen können, welche juristische Form seine Entscheidung auch gewänne.

Nimmt man die Einwilligung in die Ehe als das, was sie ist, dann ist die Selbst-Einigkeit ihrer Partner mit der Identität ihrer Einheit untrennbar verbunden. Durch den Verzicht auf gemeinsame Einheit ist so das eigene Einssein nicht zu gewinnen. "Man muß sich gemeinsam retten."[4] - Ebensowenig läßt die Gemeinsamkeit sich durch Verzicht auf die eigene Wahrheit erhalten. Sie würde zum bloßen "Konglomerat", ja zur Mischung sich zersetzender "Substanzen", der nur die Gefäßwand noch eine Form gibt.

Der Liebende vermag also die (Selbst-)Isolierung des andern nur als Herausforderung anzunehmen; er muß es auf sich nehmen, gegen ihn zu streiten. Wie aber kann er das, was er aufheben will: den Widerspruch zwischen ihnen?

Tatsächlich setzt er ihn; doch wir haben gesehen, daß er das ebenso täte, wenn er ihn vermeiden wollte. Ob er mit dem andern "gemeinsame Sache" zu machen oder "sich herauszuhalten" suchte, im ersten Fall müßte er dessen Selbst-Widerspruch übernehmen, im zweiten widerspräche er dem eigenen Gelöbnis. Das ist ja der Schmerz der Schuld, daß die freie Selbst-Vereinzelung des Schuldigen auch den andern vereinzelt; und wie der Schuldige *sich selbst* vereinzelt, so findet auch der andere sich nicht bloß wie beim Schmerz allein gelassen: Er wird dazu genötigt, sich nochmals selber zu "distanzieren".

Der Riß im andern läuft in jedem Fall auch durch den Liebenden hindurch, weil er die gemeinsame Einheit zerreißt. Dem Nein des Schuldigen folgt das Nein seines Partners, und dies unausweichlich. Die Frage geht also nur dahin, welchen Sinn diese zweite Verneinung erhält.

Jenes Nein, das einstimmt, also das Ja des Komplizen, haben wir schon ausgeschlossen. Doch auch das Nein zum Nein ist noch nicht eindeutig. Worum geht es ihm? Was meint das Ja, das ihm (wie jedem Nein) zugrunde liegt? Es kann das Nein des Gestörten, des Verletzten und Gekränkten sein; dann meint sein Ja nur ihn selbst, sein Nein stimmt zwar nicht zu, doch es "entspricht". Es fängt sozusagen den zugeworfenen Ball, und zwischen Nein und Nein entspinnt sich nun "spiegelverkehrt" jener Austausch, den wir früher im heiteren Spiel der Liebe meditiert haben.[5]

Die genannten Momente finden sich alle hier wieder. Auch der Streit hat sein Feld, seine Regeln; auch er ist "symbolisch", und er zielt ebenso darauf ab, seine Symbolik über

---

[4] CH. PÉGUY, Das Mysterium der Erbarmung, Wien 1954, 41.

[5] Siehe S. 57f.

die Grenzen des Feldes hinaus bestimmend zu machen. Es gilt sogar - nicht von ungefähr drückt es die Sprache aus -, daß die Partner einander dienen: Sie "bedenken" einander, man "kann damit dienen, daß..." und so fort - und "dient" in all dem auch hier nicht nur dem anderen, sondern vor allem dem "Spiel". Tatsächlich bräche der Wortwechsel ab, wenn einer sich nicht mehr zur Antwort verstände (und solcher Abbruch mag verletzender sein als jeder Fortgang des Streits). Gerade das letzte: daß man aus dem Streit in ein Schweigen ausbrechen kann, mit dem es nun erst "Ernst" wird, zeigt als den Ort auch des Streits die Schwebe zwischen Ernst und Spielerei.

Und doch ist alles "spiegelverkehrt". Das heißt, man kann es an nichts einzelnem belegen, auch nicht an den Bezügen der Einzelmomente; formal fügt sich alles zusammen, alles "entspricht": und dennoch "stimmt etwas nicht". Es ist also keineswegs so, als sei im Streit mehr Ernst (gerade nicht), aber die Unstimmigkeit bringt in das Ganze den Charakter des *Zwanghaften* hinein. Die Partner "haben" nicht wirklich "Spiel", sie sind gebunden, so daß der Abbruch dieses Hin und Her nicht nur verletzend sein muß, daß er zumeist vielmehr "befreit" und aufatmen läßt.

Das Nein solchen Abbruchs "entspricht" also nicht mehr dem schuldhaften Nein; es entspricht dem begründeten Ja, gegen das dieses Nein sich gewandt hat. Das *liebende* Nein sagt sein Ja zuerst und vor allem zu dem ursprünglichen Ja ihrer gemeinsamen Einwilligung. So aber kämpft es tatsächlich gegen den anderen, für ihn.

Damit steht es indes vor einer neuen Entscheidung. Wir sahen, die Schuld zwinge den Partner dazu, sich auch selber zu "distanzieren"; versteht er diesen Anruf so, daß er allein für beide, für den anderen mit, ihre Einheit zu erbringen habe, dann hat er im Grunde lediglich auf dessen Nein geantwortet, nicht auf den Anruf ihres Eins. Wie nämlich jener glaubt, für seine Person die Einheit verneinen zu können, so will nun dieser sie für sich behaupten. Hieß die frühere Versuchung "Trägheit des Herzens", Bequemlichkeit (in Gestört- und Gekränktsein), so droht jetzt der Leistungswille von Hochmut und Stolz.

Was immer er auch als Einheit bauen würde, nie gelänge ihm das auferlegte Eins. Denn das ist kein Haus, in das einer den anderen mit aufnehmen könnte; man muß es auch nicht deshalb in "Gemeinschaftsarbeit" bauen, weil die Kräfte eines einzelnen nicht reichen: Das Eins ist vielmehr *lebendige* Form. Als solche wird es grundsätzlich erst aus dem einen Leben beider. Und es *wird* nicht nur so, um dann für sich zu bestehen, auch wenn das Leben aus ihm weicht (so wie das gewachsene "Außengerüst" gewisser Meeresbewohner): Das Eins von Freiheiten ist "Wirk-Gestalt"; seine Form besteht nur durch das Mit- und Gegeneinander der wirkenden Kräf*te,* ja sie besteht *in* deren Aufeinander-Wirken, welches die Kontur ihres Lebensvollzugs um sich spannt.

Dem Anruf zu diesem Eins vermag man also nie allein zu entsprechen. Man kann ihn nie bloß *für* den anderen, man muß ihn *mit* dem Partner übernehmen. Es wird darum zwar der Kampf gegen dessen Verneinung gefordert (und keine Bequemlichkeit, keine Angst oder "Demut" darf zur "Friedfertigkeit" verleiten); aber der Kampf ist *mit* dem anderen zu führen.

Der Liebende soll also glauben und hoffen, im Gegenüber auf das selbe Ja zu treffen, das er selber spricht. Er soll, besagt das, an die Selbsteinheit des anderen glauben (daran, daß in ihm das Ja des Anfangs noch fortlebt, richtiger: daß dieser *selbst* sein Ja noch immer *spricht,* da es nur derart lebt); er soll die Selbst-Einheit des Partners anerkennen, indem er trotz allen äußeren Anscheins, sogar dessen eigenen Worten zum Trotz, an den Widerspruch in ihm glaubt (will sagen: hofft, daß im anderen nicht nur jenes Nein spricht, das er jetzt vernimmt, sondern zugleich das ungehörte, gar ausdrücklich abgetane Ja).

Das besagt aber nun, er soll die Schuld des andern, die ihm Schmerz bereitet, als etwas erkennen, das auch den anderen schmerzt. Denn Schmerz ist Erfahrung zerrissener Einheit, Erfahrung des Selbst-Widerspruchs. Er soll also - bei allem eigenen Leid - den *anderen* als leidend und unglücklich, ja als den qualvoller Leidenden wahrnehmen.

Um hier jedes Mißverständnis auszuschließen: Es geht keineswegs darum, dem Anstoß der Schuld sich dadurch zu entziehen, daß man sie einfach als Leiden erklärt (das hat gerade der Eingangsabsatz dieses Kapitels versucht). Wir sagen nicht, Schuld sei nur Schmerz; wir sagen aber: Schuld ist *Schmerz,* und sagen weiter - wie SOKRATES gegenüber Polos erklärt hat[6] -, daß sie der ärgere Schmerz, das quälendste Leid sei.

Der Liebende wird so, den eigenen Schmerz vergessend, sich genauso diesem Schmerz entgegenwerfen wie der körperlichen Qual - und er wird in diesem Widerstand genauso mit dem andern eins sein (ohne es zu merken), wie sich das im vorigen Kapitel zeigte.

Aber Schuld ist, wie gesagt, nicht einfach Schmerz; sie trennt auf andere Weise. Und vor allem ist, was hier trennt, nicht eigentlich sie (wie der Schmerz es war), sondern der sie begeht. Das Einssein der Hilfe umgriff das Getrenntsein im Schmerz, überwindet es auch das Sich-Trennen in Schuld?

---

[6] PLATON, Gorgias 470 e - 479 e.

Dennoch sei - bevor wir die Antwort auf diese Frage versuchen - daran erinnert, daß vieles tatsächlich Schmerz ist, was man beim andern für Schuld hält. Zwar nähme man ihn nicht ernst, wenn man ihm die Möglichkeit, schuldig zu werden, bestritte; den Versuch, auf diese Weise dem Schmerz der Schuld zu entgehen, bezahlt man nur mit tieferer Entfremdung. Dennoch muß man stets mit der Möglichkeit rechnen, daß einer dem andern zwar Schmerzen bereitet und beide darunter leiden, trotzdem aber es nichts zu verzeihen (nur wirklich: zu entschuldigen) gibt.

Verantwortung schließt nicht in jedem Fall Schuld ein. "Verantwortlich sein heißt, fähig sein, jemandem darüber zu antworten, was man getan hat; als sein eigen anzuerkennen, was man getan hat."[7] Die Antwort, die man dem anderen gibt, muß indes vielleicht lauten: Ich habe dir zwar Leid verursacht, und ich habe dir auf deine Frage darüber zu antworten; doch ich bin mir (soweit ich das sein kann) bewußt, alles getan zu haben, was ich konnte - und das heißt auch: sollte (denn *ultra posse nemo tenetur* - über sein Können hinaus ist niemand gehalten); und das nun bedeutet noch einmal: alles sogar, was ich durfte. (Das "gehalten" enthüllt seine ganze Bedeutung, wenn man das Sollen nicht allgemein-minimal, als unser aller "Pflichtsoll" auffaßt, sondern als genauen, vollen Aufruf je meiner "Stunde"[8]: Was ich in diesem Sinn nicht soll, das darf ich nicht; wozu ich darum nicht "gehalten" bin, bei dem zugleich - bei dessen eigenmächtigem Versuch - würde ich nicht gehalten. Niemand bringt sich - und andere - so in Gefahr, wie wer sich im Guten "versteigt".)

Solche Antwort will jedoch kein letztes Wort sein; sie erwartet selber Antwort und erfüllt sich erst in liebendem Gespräch. So aber kann aus gemeinsamem Leid über das, was einem - und damit beiden - (noch?) nicht geschenkt ist, ein Einvernehmen erwachsen, das sie beide als das unvergleichlich größere Geschenk empfangen.

Mit welcher Gewißheit indes kann jemand sagen, er habe wirklich der Stunde entsprochen, er sei nicht schuldig geworden? Damit ist nun die zuvor gestellte Frage aufzunehmen - und sie zwingt uns ausdrücklich zu jener Wende des Blicks, die wir unvermerkt schon vorgenommen haben: vom Partner des Schuldigen auf den Schuldigen selbst.

Wenn der Beleidigte in der Schuld des Geliebten dessen Schmerz erkennen soll (also glauben soll, daß er im Bösen nicht ganz mit sich eins ist), dann stößt ihn dieses Gebot zu-

---

[7] M. ORAISON, Eine Moral für unsere Zeit, Olten-Freiburg 1968, 203.

[8] Vgl. Joh 2, 4; 4, 34f; 13, 1 und öfter.

gleich auf sich selbst mit der Frage, wieweit sein eigener Schmerz nicht auch Schuld und Selbstsucht enthalte (ob also er selber im Guten gänzlich eins mit sich sei). Ist der andere nicht nur schuldig, dann mag er selbst nicht nur gut sein.

Tatsächlich erfährt er das Böse ja nicht erst vom andern; was Schuld ist, weiß er nur allzu gut aus sich selbst. So weiß er auch, daß sie wirklich der äußerste Schmerz ist, weil sie der Widerspruch selbst, der äußerste Widersinn ist.[9]

Schuld ist das einzige, was völlig "unnötig" und "überflüssig" ist, was keinen Grund hat (wenn vielleicht auch manche "Gründe"), das, wozu man nie auch das geringste Recht besitzt. Sie ist vor allem nicht bloß in sich selber ohne Sinn, sie verwirklicht sich zudem nur dadurch, daß sie sinnlos Sinn zerstört. Sie gibt darum keinerlei Anknüpfungspunkt (den hat man nur, weil kein Mensch restlos schuldig, weil er nie mit seiner Schuld ganz einig ist), das heißt, sie dringt nicht wie ein Fremdkörper, den man einkapseln, ausstoßen, auflösen könnte, ins Leben, sie trifft ins Dasein vielmehr als zerstörendes Nichts.

Gelingt es dem Leben, den Einbruch zum Stehen zu bringen, dann mag es die Wände des Kraters vernarben, wie aber sollte es das "Loch des Nichts" selbst wieder füllen? Man sagt dem Leidenden, zu leiden sei vergänglich, gelitten haben aber unvergänglich, um ihn zu trösten. Wieviel genauer scheint das Wort die Schuld zu treffen, und hier ist es statt Trost wie Feuer in den Schmerz.

Schuld sei das Nein zum Leben aus dem Nein zum Tod, haben wir eingangs erklärt. Es ist das Leben, das dem Tode Sinn gibt, indem es ihn in sich hineinnimmt.[10] Was aber kann noch die Schuld umfangen, die, weil sie den "Unfug des Sterbens" verneint, zugleich auch den Sinn des Lebens verwirft?

Der Schlußteil des Buchs und damit diese Besinnung trägt in der Überschrift das Wort "Hoffnung". Bisher mag sich gezeigt haben, wie diese Hoffnung die "Hoffnungen" übersteigt, ja wie sie gerade aus deren Zusammenbruch aufgeht. In *diesem* Sinn nimmt ja das Leben den Tod an. Was aber gibt es noch gegenüber der Schuld zu erhoffen?

Suchen wir wieder den "Abstand" der Meditation, um so auf die Hoffnung selber zu blicken. Was ist ihr Ziel? Die Seligkeit reiner Einheit mit sich. Das "Reich", daß es komme";

---

[9] "Bei dem Begriffe des Bösen wird somit nicht weniger gefordert, als den Widerspruch zu denken, was nach der gewöhnlichen Logik... unmöglich sein soll, und zwar ist dies Böse sogar als die *Existenz* des Widerspruchs zu fassen." G. W. F. HEGEL, Berliner Schriften, Hamburg 1955, 315.

[10] Siehe S. 17f und 39.

daß Wahrheit und Liebe seien; daß das Licht endgültig herrsche und alle Selbstsucht in den "Pfuhl des zweiten Todes" (Offb 20, 14) verbanne. Sie hofft also den Sieg des Sinns, die "Offenbarung seiner *Herrlichkeit*" (dies genauso "offen" verstanden wie die bisher verwendeten Bibelzitate), also den gewaltlos-unwiderstehlichen Aufgang nicht nur seiner Hoheit, sondern seiner Macht, vor der alles Dunkel vergeht: Die Hoffnung erhofft das Gericht.

Was aber hofft dann die Hoffnung des Menschen für sich? "*Nemo habet de suo nisi mendacium et peccatum* - Aus sich hat jeder nur Lüge und Schuld"[11]: Wenn der Mensch ist, was er aus sich macht, wenn er sich selbst erst, im Tun seiner eigenen Freiheit, seinen Namen erwirbt, dann *ist* er tatsächlich - schuldig geworden - ein Feind dieses Lichts; und wenn nicht im Mut trotzigen Aufbegehrens, dann erst recht in der Feigheit verdrossenen Schweigens und verdeckter Ausweichmanöver.

Gewiß bin ich nicht *nur* der Feind des Lichts - auch im Bösen gelange ich ja nicht zu völliger Einheit mit mir; in mir lebt zugleich die Hoffnung, auch sie ist die meine. Indes entspringt sie nicht erst dem Zusammenbruch der kleinen (und der großen) Hoffnungen, sie zielt vielmehr auf deren Tod; und dies, weil sie *meinen* Untergang fordert, weil sie die Verurteilung meiner selbst will. Derart ist sie strikten Sinnes Hoffnung *wider* Hoffnung.[12] Hoffnung gegen mich selbst, um der Wahrheit und ihres Sieges willen, darauf ich hoffe.

Dennoch wiederum: Wie meine Schuld der Wahrheit nach *in* mir, mir eigen ist, so bin auch ich selbst diese Hoffnung wider mich, das Ja zum Licht. Und weiter: Der Sieg, den ich hoffe, soll Sieg der Wahrheit und wirklich ihr *Sieg* sein. Die Wahrheit aber birgt und umfängt auch *unsere* Wahrheit, und unsere Wahrheit ist unser *gemeinsamer* Name. Muß der volle Sieg der Wahrheit dann nicht auch die Rettung unserer Einheit bedeuten, also nicht mein Verderben, sondern - meinem Tod zum Trotz - die Seligkeit zwei-einen Lebens?

Hatte sich eben tiefer als im Gegensatz von Hoffnungen und Hoffnung die Gegenkehre in der Hoffnung selbst gezeigt (- indem ich den Sieg der Wahrheit des Lebens erhoffte, hoffte ich auf meinen Tod), so kehrt sich nun dieser Gegen-Sinn nochmals: Indem ich den tödlichen Sieg der Wahrheit erhoffe, erhoffe ich von ihm mein Leben.

Seit RUDOLF OTTO nennt man den Abgrund-Grund unseres Lebens, das Heilige, *mysterium tremendum et fascinosum* - Geheimnis, das zugleich schreckt und beglückt. Es zeigt

---

[11] Konzil von Orange, Canon 22 (DENZINGER-HÜNERMANN Nr. 392).

[12] S. 82.

sein doppeltes Antlitz auf verschiedenen Stufen; am reinsten als Sinn-Licht der Wahrheit: verzaubernd und beseligend als Leben, schreckensvoll als Gericht über unsere Schuld. Wir ahnen, in welchem Ernst der Ruf nach Gottes "Angesicht"[13] die Entschlossenheit zum Tode einbegreift.[14] - Schrecklich ist Seine Herrlichkeit, nicht weil sie uns "erschlüge", sondern weil wir rechtens unter ihrem Blick vergehen. *So* aber beglückt sie beglückend, weil darin die Wahrheit siegt.

Dieses Verhältnis, die "dialektische" Schwebe von Schrecken und Zauber, hat nun die Hoffnung in ihrer letzten Wende durchstoßen und darin erst ihre wahre, schwindeln machende Verwegenheit enthüllt: Ihr Ziel ist nicht mehr mit *fascinans* zu benennen, denn es reicht über allen Zauber hinaus (erst recht über den Bann, den stets der Tod auf uns Sterbliche ausübt).

Der Liebende wagt es, im Ja zu dem Urteil, das er vom Herrn seiner Liebe erwartet, doch von ihm die *Auferstehung* aus dem erhofften Tode zu hoffen. ("Auferstehung" wie "Tod" sind hierbei "moralisch" verstanden: als "geistiger Tod", zu dem die Schuld von sich selbst her ja unterwegs ist, und als "geistige Wiedergeburt" aus der Schöpfungstat wahrer Vergebung. Es soll darum nicht den Erwägungen des Schlußkapitels vorgegriffen werden; allerdings hat der Doppelgebrauch dieser Wörter nicht nur ein äußeres Recht.)

Der Liebende erwartet das Gericht als ein solches, das ihn, den Ungerechten, nicht nur verurteilt und "hinrichtet", sondern durch all das hindurch ihn gerecht macht und aufrichtend neu schafft. Gericht eines Gottes, "der die Toten auferweckt und, was nicht ist [also auch das durch Schuld gewordene Nichts], ins Dasein ruft".[15]

"Wider alle Hoffnung" spricht die leise Stimme dieses Hoffens in unserer Liebe, so wie sie sich unablässig in den Religionen der Geschichte hat vernehmen lassen. Ja, man kann sich fragen, ob die Hoffnung auf das Gericht und sein tödliches Urteil (sie beseelt alle Liebe, da jede sich von Schuld gezeichnet weiß), ob diese Hoffnung in ihrem ganzen ungeheuchelten Ernst nicht einzig aus der Kühnheit dieses Hoffens möglich werde, so verschwiegen und seiner selbst kaum bewußt es auch sei; ob also der Ruf nach dem Richter nicht (statt eigener Entschluß - gar aus sublimem, selbstzerstörerischem Stolz) in Wahrheit stets schon Antwort sei auf die Anfrage, ja das Gebot der *Gnade*.

---

[13] Zum Beispiel Ps 27.

[14] Is 6, 5; Ex 33, 20; vgl. Spiel-Ernst, Zweiter Exkurs: Lebensgefahr.

[15] Röm 4, 17; vgl. Ez 37, 1-14.

Vielleicht bleibt das im Denken stets nur ein Vermuten. Doch Hoffnung vermutet nicht; sie hat erfahren. Im geschenkten Glücken der Kunst ist es schon mehr: im Schweigen am Schluß der großen Tragödien, im Sieg der Farbe auf Bildern des Grauens, im "Licht auf dem zurückweichenden Fratzengesicht".[16] Vor allem sagt es sich in der Erfahrung gegenseitigen Verzeihens zu. Da wird ja nicht Versäumnis mit Versäumnis aufgerechnet, so daß man sich auf den verbleibenden Rest von Einheit zurückzöge. Verzeihung ist Tat der geheimnisvollen "inneren Anfangskraft" unserer Freiheit.[17] Aus ihr geht die Liebe nicht ärmer ("ernüchtert"), sondern reicher und tiefer hervor - und nicht nur reifer, man darf sogar sagen (Erfahrenen mehr als ein Wortspiel): "erneut" - in morgendlichem Aufbruch "jünger".[18]

Der Widersinn, der auch jetzt (gerade jetzt, im Rückblick der Verzeihung[19]) nie hätte geschehen dürfen, erhält auf unfaßliche Weise Sinn. Der Schmerz der Schuld sogar wird fruchtbar, wird zum Schmerz der "Wiedergeburt". Die Schuld selbst kann nun "selig" heißen: *felix culpa*. Woher empfängt die Liebe diese Kraft, die sie nicht als die ihre weiß?

Wissen, Hoffnungs-Wissen des *Glaubens*,[20] ist dies denen geworden, die die unbegreifliche Verheißung gehört haben (Offb 21, 5): "Ich mache alles neu." Und nicht als bloßes Wort: Jener, der tot war - für uns zu Schuld und Sünde gemacht (2 Kor 5, 21) - , wurde "auferweckt zu unserer Rechtfertigung" und lebt in Ewigkeit (Röm 4, 25; Offb 1, 18).

3. Der Tod

"Der Sinn der Ehe ist wechselseitige Auflösung und Wiedergeburt. Wahre Ehe ist darum nur durch den Tod lösbar, ja eigentlich auch durch diesen nicht."[1]

---

[16] F. KAFKA, Ges. Werke in zwölf Bänden, Frankfurt/M. 1994, VI 186: "Die Kunst ist ein von der Wahrheit Geblendetsein: Das Licht auf dem zurückweichenden Fratzengesicht ist wahr, sonst nichts."

[17] R. GUARDINI, Freiheit - Gnade - Schicksal, München [4]1956, 102 u. ö.

[18] BASILIUS: "Wer sich ausstreckt nach dem, was vor ihm liegt, der wird je jünger als er selbst" (H. U. V. BALTHASAR, Das Weizenkorn, Einsiedeln [3]1958, 42).

[19] Vgl. Röm 3, 8; 6, 1.

[20] Siehe O. H. PESCH, Frei sein aus Gnade (oben im Vorwort, S. 6[1]), bes. Fragekreis II und III.

[1] H. V. HOFMANNSTHAL, Buch der Freunde (S. 7[5]) 30.

Daß dieses Wort mit Auflösung und Wiedergeburt nicht nur den Tod des Entzückens meint, hat sich im Fortgang unserer Besinnungen wohl zunehmend verdeutlicht, in einem letzten Schritt am Ausgang des vorhergehenden Kapitels. Übertrifft die Entfremdung der Schuld nicht alle Trennung des Todes, ist also mit ihrer Versöhnung nicht auch er überwunden?

Meditation will nicht sehen, was sie sich wünscht, sie will erblicken, was ist. So müssen wir in Strenge fragen, was das "eigentlich" des Eingangssatzes bedeute. Vielleicht ist der Tod der Schuld tatsächlich "tödlicher" als das leibhaftige Sterben; doch wie wir uns dem Schmerz in seiner Leibhaftigkeit aussetzen mußten (sei auch das Leid der "tiefere" Schmerz), so müssen wir hier den "banalen" Tod, das Ende des irdischen Lebens bedenken. (Scheint es doch ohnehin, als werde der Liebe nichts so gefährlich wie Banalität.)

Wie oft haben wir schon gelesen, die Liebe sei mächtiger als der Tod. Die Heilige Schrift spricht genauer, und das *Lied der Lieder* heißt uns nicht zuletzt darum zu Recht das Hohe Lied, weil es in allem Entzücken nicht der Romantik verfällt: "Stark *wie* der Tod ist die Liebe", sagt die Braut dem Geliebten, der sie als Siegel auf sein Herz legen soll (8, 6).

"Einen Menschen lieben heißt sagen: du wirst nicht sterben."[2] Aber das ist nicht romantisch gemeint, als wäre man dem Tod entgangen; vielmehr: daß der Tod, der den geliebten Menschen faßt, mich nicht bloß von außen, sondern wie mein eigener trifft. "Niemand erfährt das Furchtbare von Tod und Sterben so von Grund auf wie der, welcher liebt."[3] Der Auf-Bruch jenes Zaubers, der das Paar im Anfang umgab, zeigt sich gerade auch in dem Gebot, den andern als sterblich zu lieben - und im Wissen um das eigene Sterben.

In doppelter Richtung versucht der Mensch immer wieder, vor dieser Wahrheit zu flüchten. Der erste Weg - "realistisch" - ist der des Rückzugs. Man stellt sich von Anfang an gleich in das unvermeidliche Ende, ja bringt es schon hinter sich, um sich nicht später von ihm überraschen zu lassen. Verantwortungslos, dem Augenblick lebend, tut es Don Juan; verantwortlich, im Licht des Ewigen (*sub specie aeternitatis*), lehrt es die Stoa: Droht dir ein Unheil, so "sprich: Das hat nichts für *mich* zu bedeuten, sondern für meinen Leib, meinen Besitz oder mein bißchen Ruhm, für meine Kinder oder meine Frau [; ich selbst kann aus allem wahren Nutzen gewinnen]."[4]

---

[2] G. MARCEL, Geheimnis des Seins, Wien 1952, 472.

[3] J. PIEPER, Tod und Unsterblichkeit, München 1968, 31.

[4] EPIKTET, Handbüchlein der Moral, Kap. 18.

Auf diesem Weg anerkennt also der Mensch die Sterblichkeit des Geliebten, aber er weigert sich darum, ihn wirklich zu lieben. Der zweite Weg - "ideal" - wählt die Liebe, doch er übergeht ihren Tod. Auch hier ist immer schon alles vorbei; doch läßt man das Ende nicht hinter, sondern eher unter sich zurück. Entweder weil die Intensität des gemeinsamen "Jetzt" jedes Fragen nach weiterer Dauer verbiete (wer da in die Zeit hinein fliehe, sei der "Ewigkeit im Augenblick" nicht wert); oder weil eine wahre Ehe "im Himmel geschlossen", von Ewigkeit zu-bestimmt sei (der Wandel, die Zeithaftigkeit des irdischen Abbilds, verlange gerade, von ihm hinweg zu seiner ewigen Wirklichkeit aufzublicken).

Doch auf beiden Wegen wird man einmal eingeholt und gezwungen, der Frage ins Antlitz zu blicken: Ich sterbe - was bedeutet das für mich selbst? Und noch einmal, schärfer: Wir sterben, oder genauer: jeder von uns stirbt - was bedeutet das für unser Einssein?

Vor allem die letzte Frage ist dieser Besinnung gestellt. Einmal soll hier ja nicht der Tod überhaupt bedacht werden, sondern der Tod in der Ehe; dann aber drängt diese Frage sich gerade dem auf, für den mit dem Tod nicht alles endet.

Dem Christen wird sogar von JESUS ausdrücklich gesagt (Mt 22, 30): "Bei der Auferstehung gibt es weder Heiraten noch Geheiratetwerden, sondern sie sind wie die Engel Gottes im Himmel." Er soll die Lebensform seiner Ehe als eine "Gestalt dieser Welt" erkennen, die "vergeht", und darum so verheiratet sein, "als sei er es nicht" (1 Kor 7, 29-32).

Nun wollen (und können) wir uns nicht in exegetische Diskussionen begeben. Wer möchte leugnen (die Liebenden jedenfalls nicht), daß die Gestalt aller menschlichen Liebe Gestalt "dieser Welt" ist? Darum erhofft ja die Liebe selbst ihren Tod. Doch hofft sie darin zugleich und tiefer auf ihre Verwandlung.

Aus der Saat seines irdischen Leibes erhofft sich der Christ die Frucht eines Geistleibs (1 Kor 15, 42-44). Und dieser Leib ist nicht weniger Leib, sondern mehr, das heißt: das vollendete, leuchtende "Angesicht" seines Wesens. Aber wie er das sein wird, weiß der Glaubende nicht. (Und klarer als früher ist ihm bewußt, daß auch die Ostererfahrung der neutestamentlichen Zeugen ihm hier nicht forthilft; denn ihnen mußte sich die neue Wirklichkeit ja unter den Bedingungen hiesigen Daseins kundtun, also eben nicht in der ihr eigenen Gestalt.) Er weiß nur glaubend, daß er mit Verneinungen und Paradoxen von etwas redet, das in sich weder negativ noch paradox ist, sondern rein erfüllte Wirklichkeit.

Ist dem aber so, dann mag auch das Nein seines Herrn nur die *Erdengestalt* der Lebensform Ehe gemeint haben, nicht schon sie selbst. So vergeht zwar die Welt; doch der

Glaube erwartet nicht etwa ihre Ver-nichtung (und die Schöpfung einer anderen Welt), sondern ihre Verwandlung (die Neu-Schaffung ihrer selbst). Wie könnte er anders, da Welt ja *unsere* Welt meint.

Auch als "Himmel und Erde", als das Gesamt der Dinge auf Erden und der Sterne über ihr, ist Welt die unsere: sozusagen unser zweiter, weiterer Leib (und wo verliefe genau die Grenze zwischen beiden?), der Leib unseres Leibes. Und dies nicht nur so, daß sie uns trägt und birgt, auch nicht bloß derart, daß wir ohne feste Grenzen in sie aus-stehen und offen sind, vielmehr ursprünglichst so, daß wir sie wahrhaft mitgestalten.[5] Darin zeigt sich als der Grund-Sinn von "Welt" nicht das Dinggesamt, sondern die Menschengemeinschaft, die sich in ihr und an ihren Dingen und durch sie aussagt und sich so ihre Wirklichkeit gibt.

Wenn der Mensch, oder besser: wenn die Menschen auch durch den großen Wandel hindurch sie selbst bleiben werden; wenn sie zwar anders werden, doch nicht andere (und der Glaube bekennt eben das), dann sollte dies Bleiben auch die Welt einschließen, die ja ihre Welt ist. So aber haben die angeführten Glaubens-Texte unsere Frage nicht schon (im doppelten Wortsinn) erledigt, sie wird vielmehr auch durch sie gerade gestellt.

Beenden wir darum das theologische Zwischengespräch und versuchen wir erneut, in "naturaler" Meditation zu erblicken, als was sich der Tod den Liebenden zeigt. - Den Zugang hierzu wählen wir durch die Vorfrage: Als was zeigt sich ihnen ihre Liebe? Darauf gibt es freilich keine erschöpfende Antwort. Aber vielleicht kann man doch - vor allem anderen - sagen: als Wirklichkeit. - Und mit dieser Antwort ist der erste ("realistische") Fluchtweg bereits verstellt.

Wie aber steht diese Wirklichkeit nun zur Zeit? Früher war schon die Rede davon, daß im abendländischen Denken tatsächlich weithin Zeit und (wahre) Wirklichkeit einander entgegengesetzt worden sind. Doch wir haben zugleich die Einseitigkeit dieser Sicht überdacht.

Liebe ist Wirklichkeit liebender Freiheit. Und Freiheit ist das, was nicht je schon "gemacht" ist, sondern was sich selbst - geschichtlich - erst zu dem macht, was es ist. Sie verwirklicht sich frei (sie könnte sich also auch einen anderen "Namen" erwirken); doch sie er-eignet sich *wirklich* in diesem Geschehen und sie ereignet wirklich *sich*. Das heißt, was in ernster, verantwortlicher Freiheits-Tat wird, ist nicht etwas Belanglos-Zusätzliches zur Freiheit (als würde sie bloß sozusagen "etikettiert"); es ist überhaupt nicht bloß etwas *an* ihr

[5] Siehe S. 72f.

(als gäbe der Name zwar ein wirkliches Verhältnis an, sie aber könnte sich innerlich von diesem "Außenbezug" distanzieren); was darin wird, ist vielmehr strengen Sinns sie selbst.

Gewiß bestimmt sich die Freiheit nicht durch jede Tat in gleichem Maß, in gleicher Radikalität und Tiefe. Doch die skizzierte Struktur gilt grundsätzlich für alles Freiheitshandeln. (Als äußerstes sei jene Selbst-Bestimmung hier nur genannt, darin der Mensch zu ewiger Endgültigkeit den Namen des Heils annimmt oder verweigert. Daran wird unübersehbar, daß der Freiheit ihr Name nicht nur "anhängt", geschweige denn als Etikett.)

In dieser Weise nun geben Freiheit und Freiheit sich in der Ehe ihren gemeinsamen Namen. Nicht füreinander "bestimmt", sondern sich selbst füreinander und zueinander bestimmend. Sie folgen dabei nicht einem äußeren Gesetz: sei das ein Musterbild ihrer beider im ewigen Himmel der "Werte" oder "Ideen", sei es ein Maß des Vergleichs (aufgrund dessen er "der beste Mann für mich - ja überhaupt" oder sie "für mich - nein, überhaupt - die Schönste" wäre). Sie sind sich selbst Gesetz.[6] Und aufgrund dieses ihres Gesetzes (das sie also selber setzen) werden und sind sie einander - nicht der beste, zweitbeste oder wie immer, sondern *der* (mein) Mann, *die* (meine) Frau.

Freilich ist nun, gegen ein mögliches Mißverständnis, gleich zu sagen, daß ihr Gesetz, auch als ihres, wirklich *Gesetz* ist, keineswegs Willkür. "Autonomie" des Gewissens sagt gerade nicht Beliebigkeit des Tuns. Im Gewissen spricht sich vielnehr meine *Wahrheit* mir zu und will getan sein. *Meine* Wahrheit gewiß (die *so* nicht einfach alle tun sollen), doch zugleich meine *Wahrheit* (der ich ohne Ausflucht zu entsprechen habe).

Deutlicher wird das Gesagte vielleicht, wenn wir das Bild vom Weg wieder aufnehmen.[7] Er muß stets in der Liebe verlaufen, Selbstsucht und Lüge sind immer ein Irrweg; aber wie er im Guten verläuft, das spricht sich mir von Wegstück zu Wegstück erst zu, ja - hieß es oben - das finden Wahrheit und Freiheit (Anruf und ich) stets gemeinsam.[8]

Freiheit und Freiheit finden sich also im Geleit ihrer Wahrheit auf gemeinsamem Weg. Sie sind nicht einfach zu *einer* Freiheit geworden. Sie *sind* allerdings *eine* Freiheit, dies jedoch so, daß jeder den anderen freigibt. Die Wahrheit jedes der beiden und ihre gemein-

---

[6] Vgl. Röm 2, 14 f, wo dieses Wort für das Gewissen verwendet wird.

[7] Von S. 86.

[8] Der Anteil der Freiheit an diesem Weg-Wort begründet die Möglichkeit des irrenden Gewissens. Aber dieser Gefahr entgeht man nicht dadurch, daß man das Gewissen durch äußere Normen ersetzt; es muß sich an ihnen ausrichten, doch als es selbst, als Gewissen: Freiheit verwirklicht sich nur in Freiheit.

same Wahrheit stehen in jenem Schwebe-Bezug, zu dem wir im zweiten Kapitel gelangt sind; und in der Vielfalt solchen Bezugs stehen beide - oder vielmehr, sie gehen - im Weg-Gespräch mit ihrem Herrn (wie das dritte Kapitel des ersten Teils gezeigt hat).

Wirklichkeit von Freiheit wird *und* ist also in Zeit. Und dies nicht so wie in einem Behältnis (gar einem Kerker): Zeit ist ihr inneres Wesen; denn Freiheit ist Wirklichkeit nur, indem sie sich wirkt, und sie erwirkt sich nur, indem sie sich empfängt. Freiheit *hat* sich bloß als sich *gegeben.* So aber bedeutet "Freiheit ist" immer ein doppeltes: einmal, daß sie *geworden,* sich zuteil geworden ist, und dann, daß diese Gabe (sie selbst) als Aufgabe auf sie zu-kommt, daß sie hinfort sein *soll.*

Das Jetzt der Freiheit ist immer ein Jetzt, in dem ihre Herkunft (das Angebot ihres Namens) sich als ihre Zukunft (als Gebot, sich anzunehmen) kund tut. So aber ist ihr Jetzt weder zeitlos noch über der Zeit: Auch auf dem zweiten Fluchtweg kommt man nicht davon. Denn je höheren Ranges Gegenwart ist, desto bedrängender stellt sich die Frage nach der Erfüllung ihres Gebots: ihrer Zukunft.

Die Zukunft des einzelnen - schon im Vergehen jeden Augenblicks verkostet - ist sein Tod. Wir müssen hier, wie gesagt, nicht das Gesamt dessen entfalten, was sich damit zeigt.[9] Es kommt nur darauf an, seine Wesenszüge zu nennen, um auf diesem Grund das Bild des ehelichen Todes zu betrachten.[10]

Meist erscheint uns dieses Ende nur als Parzenschnitt, der fremd und unerklärlich bleibt. Und es wäre gefährlich, wollte man diese Erfahrung leugnen oder wie auch immer kurzschlüssig überspringen. Dennoch sagt sie nicht alles vom Tod. Gerade der Treue zum gestorbenen Du, dem "Verewigten", wie man früher mit tiefem Sinn sagte, kann sich das andere, wahre Antlitz des Todes enthüllen. Und schon zuvor überhaupt im Wagnis der Liebe. Sie ist ja nicht Liebe, wenn sie nicht - eben in ihrem Wissen vom Sterben - die eigene Endgültigkeit, ihre *Ewigkeit* will.

Wenn die "Beweise" der klassischen Philosophie für die "Unsterblichkeit der Menschen-Seele" von der Unzerstörbarkeit ihres geistig-einfachen Wesens und von der Notwendigkeit einer ewigen Vergeltung sprechen, dann ist darin nicht etwas erdacht, sondern diese

---

[9] Wir verweisen hierzu auf J. PIEPER, Tod und Unsterblichkeit, München 1968; theologischerseits besonders auf K. RAHNER, Zur Theologie des Todes, Freiburg 1958 u. ö.

[10] Ausführlicher: Konturen der Freiheit, Kap. 5: Sterbliche Freiheit - End-gültigkeit; Freiheits-Erfahrung, Kap. 10: Dem Tod begegnen; Spiel-Ernst, Kap. 3: Leben im Todes-Licht.

Schlüsse formulieren nur auf ihre Weise die innerste Selbsterfahrung unserer Freiheit. Im Anspruch der Liebe wie in der Drohung des Todes trifft nämlich endliche Freiheit auf ihre eigene Zukunft, also auf sich. Sie erkennt, daß sie sich selber nie, auch nicht ins Sterben entkäme, daß sie also Stellung nehmen, sich entscheiden muß und daß sie durch ein endgültiges Ja zu ihrem "Namen" gänzlich sie selbst werden soll.

Wie aber wird dieses letzte Wort lauten? Nicht mein zufällig letztes, sondern mein äußerstes, das ich so auch mein erstes nennen könnte. Mein "Herzwort", in dem ich nach allen Versuchen und Vorgriffen nun wirklich mein Wesen und mich selber "zeuge"; in dessen Spruch und Zeugnis ich meine Geburt (Tag der Geburt nennt die Kirche den Todestag) und mein ewiges Schicksal vollende. (Das Herrenwort vom Dieb in der Nacht und vom wachsamen Knecht - Mt 24, 43-47 - meint nicht einfach den biologischen Tod, das Sterben im Sinn bloßen Ablebens, sondern den Augenblick, das Nun der alles entscheidenden Antwort, das sich der Medizin wie dem Zugriff der Psychologie in gleicher Weise entzieht.)

Der Tod also, in dem der Mensch sich genommen wird, ist zugleich jener Augenblick, da er sich unvergleichlich in die Hand gegeben ist: zur Antwort seines äußersten Wortes. So ist der Tod unabnehmbar "mein eigener Tod". Hier ist jeder allein.

Doch in welchem Sinn ist er dies? Er ist allein, weil gänzlich als er selbst beansprucht; zu ihm selbst indes gehört sein Sein-*mit*-anderen, und nicht nur äußerlich, sondern so, daß er nur dadurch seine "Kontur" und sein Wesen erhält. Faßt sich im Tod sein Sein gewissermaßen punktuell zusammen, dann muß in dieser Verdichtung auch seine Bezüglichkeit ihre Höhe erreichen.

Daß die übliche Erfahrung davon kaum etwas sagt, ist kein Einwand; es zeigt nur, daß diese Gemeinschaft tiefer liegt als das gewohnte Beieinander. Dann aber besagt die Einsamkeit des Todes nicht Isolierung, sondern entspringt gerade dem reinen Ernst des Bezugs: Jetzt, wo ich auf keine Weise mehr neben dem andern für mich dahinleben kann, sondern zum ganzen Ja (oder Nein) vor der Welt, zur letzten Stellungnahme gegenüber meiner Endlichkeit, zum wirklichen "Platzmachen" für die andern aufgerufen werde, eben hier kann nur ich selbst und niemand anstatt meiner antworten, da nach dem Ernst *meiner* Liebe gefragt wird.

Und noch enger ist die Einheit von Bezug und Einsamkeit. Wie meine Gestalt, mein Name überhaupt nicht nur von mir, sondern von uns gemeinsam erwirkt worden ist, so gebe ich auch und vor allem meine eigene Antwort im Tod, der meine Gestalt endgültig festlegt, nicht für mich allein. Helfend wie belastend sprechen auch dieses mein äußerstes Wort andere mit (denen ich mein Sprechen verdanke) - und spreche ich dieses Wort schon anderen vor (in deren Lebensgestalt mein Sterben eingeht). Besonders deutlich wird das im Tod eines Martyrers, eines Helden oder großen Lehrers, im Opfertod; sichtbar war es in der Weise, wie man früher inmitten seiner Familie starb; doch es hat seine Richtigkeit für Sterben und Tod eines jeden.

So aber wartet im Tod, der dem Menschen seine vollendete Wahrheit verleiht, zugleich (ja vor allem) die Wahrheit, die reine Gestalt seiner *Liebe*. Hier muß die Stelle sein, wo nach so vielem und oft vergeblichem Mühen das Spiel in seliger Leichtigkeit glückt:

> Engel!: Es wäre ein Platz, den wir nicht wissen, und dorten,
> auf unsäglichem Teppich, zeigten die Liebenden, die's hier
> bis zum Können nie bringen, ihre kühnen
> hohen Figuren des Herzschwungs,
> ihre Türme aus Lust, ihre
> längst, wo Boden nie war, nur an einander
> lehnenden Leitern, bebend, - und *könntens*,
> vor den Zuschauern rings, unzähligen lautlosen Toten...[11]

Das ist Poesie. Aber ist es nur das? Es ist Traumbild und Frage ("Es *wäre* ein Platz"), doch spricht darin wirklich nicht schon eine Antwort?

Irdische Liebe ist dadurch gezeichnet, daß sie das Spiel nicht vermag. Entweder läßt sie sich - spielerisch - nicht ernsthaft ein, oder sie nimmt sich zu ernst, um sich (und den anderen) wahrhaft los- und freizulassen. Das Spiel aber gelingt nur dort, wo man den andern (und sich selber) hält (ihn wirklich hält), doch so, "als hielte man ihn nicht".

In Augenblicken gelingt es. Hier gelingt es dann auch, die bloße Zweisamkeit zu eröffnen und sich vereint in ein umgreifendes Spiel einzureihen. Man kennt solche Stunden guten Gesprächs oder gemeinsamen Erlebens.

Ja, diese Öffnung wird gerade den innigsten Augenblicken geschenkt. Indem hier wirklich einer den anderen hält, als hielte er nicht, und so die Tat (als Mit-sich-tun-Lassen) des Todes vorausnimmt, mag nun diese vergehende Schwebe in einem neuen Wesen Dauer erhalten. Die "Gestalt des Augenblicks vergeht", doch sie verschwindet nicht; verwandelt bleibt sie. Im Kind, das ihnen geschenkt wird (und dieses "geschenkt" ist nun kein poetischer

---

[11] R. M. RILKE, Duineser Elegien, in: Sämtl. Werke (S. 18²) I 705.

Ausdruck; er gilt in Strenge, bei allem Planen. Wie schon der Künstler, je größer er ist, um so deutlicher weiß, daß er bei allem Tun, ja gerade in ihm, das Werk, das er schafft, in Wahrheit *empfängt,* so wird hier wirklich nichts "gemacht"; es geschieht, ergibt sich, wird gegeben) - im Kind, sagten wir, das der Liebe geschenkt wird, ist ihr bereits ein Stück Endgültigkeit gegeben.

Wie vorläufig und stückhaft diese Gestalt ist, bedarf keiner Worte. Es wäre verzweifelt, es hieße tatsächlich verzweifeln, hätte man die Ewigkeit der Liebe nur in solchem Fortleben zu sehen. Das Kind ist nicht ihre Wahrheit (darum ist es auch nicht ihr erster, gar ihr einziger Sinn), aber es gibt unübersehbar Zeugnis vom Licht dieser Wahrheit. Es ist Zeichen und Angeld der Hoffnung.

Diese Verwandlung: Siegel des Eins einer Liebe und ihre Entschränkung, ihr "Aufbruch" zumal, diese Neu-Gestalt gibt uns nun einen Wink auf das hin, was die Liebenden von ihrem Tod erhoffen. Sie hoffen auf ihre wahre Befreiung: auf die Befreiung von sich, das heißt sowohl vom Ich wie voneinander, um darin endlich frei zu sich und füreinander zu sein.

Der Liebende hofft für sich selbst und den Geliebten, daß sie die Liebe, die sie hier nur üben, dann können. Er leugnet nicht, daß er nur hofft, und er verbirgt sich nicht, daß diese Wandlung mehr als jedes Werden schmerzt. Er bekennt sich deshalb auch dazu, daß er vor dem Schmerz und dem Dunkel des Todes zurückschreckt. Doch er verlangt trotz seiner Angst nach dieser Vollendung für sich und den andern (oder zumindest verlangt er nach diesem Verlangen).

Einübung in diesen Tod ist es schon, wenn er dem andern gönnt, was er ihm nicht vermitteln und nicht mit ihm teilen kann: die Freude an Dimensionen des Lebens, für die ihm der Zugang fehlt. So gönnt er ihm das Leben überhaupt, ein Leben in *Freude* auch ohne ihn selbst, und vermag es, ohne Groll vor dem andern "hinüberzugehen". Ja, er weiß sich sogar zu der äußersten Möglichkeit aufgerufen, notfalls sein eigenes Leben hinzugeben für den, den er liebt.[12]

So aber gönnt er dem anderen auch und "erlaubt" es ihm, wenn er vor ihm in das Ende gelangt und ihn allein auf dem Wege zurückläßt; denn mehr als das fühlbare Glück des Geliebtseins will er die Liebe des andern (und in Glaube und Hoffnung - beides nicht schon theologisch verstanden - weiß er, daß erst der Vollendete ihn vollends liebt). Er ist darum

[12] Joh 15, 12 f.

nicht voller Angst und voller Eifersucht auf Gott, in dessen Licht der geliebte Mensch schon heimgerufen ist; denn eben Gott gibt, indem er zur Liebe befreit, den andern ihm frei. (Allerdings, das wirklich wissen und vermögen heißt, selbst schon gestorben sein; aber man trägt dieses Wissen und Können doch bereits in sich - wie man den Tod in sich trägt.)

Der Liebende weiß, daß der andere dann nicht nur ihn liebt; aber hat er das ernstlich je von ihm gewollt? Tatsächlich meldet sich dieser Anspruch in uns. Doch man lernt schon in den kleinen Toden des Lebens, daß Liebe nicht festhalten soll, daß sie nicht auschließt, sondern weiterreicht. Auf Erden gelingt es jedoch nur beschränkt, dieses Gesetz auch sichtbar zu machen. Die Ehe kann sich zwar zur Familie weiten, doch deren Größe hat Grenzen, und über diese Grenzen hinweg trägt (trotz aller "Geschwisterlichkeit") die Herzkraft nicht mehr sehr weit.

Vollendung aber bedeutet, daß dann tatsächlich das Wirkliche wahr und die Wahrheit Wirklichkeit ist. Und das Eins von Wahrheit und Wirklichkeit ist das "Alles in allem und allen" (2 Kor 15, 28) der Liebe. - Wird durch diese alles umfassende Liebe die Ehe *gelöst*? Man braucht nur dagegen zu fragen, ob die Familie denn die Ehe des Paares auflöst.

Was die Liebe erfüllt, das zerstört sie nicht, sondern führt es, indem sie es zu sich selber verwandelt, in seine eigene Wahrheit. Das aber hoffen wir für jenen Tag (und nur von dieser Hoffnung war im Grund die Rede bei allem, was in diesem Buch bedacht worden ist): daß unsere Ehe dann vollends *erlöst* sei.

Namenregister

Bibliographische Notiz

Zur Begründung und Entfaltung dies hier Vorgelegten siehe aus den Büchern von Jörg Splett:

Gotteserfahrung im Denken. Zur philosophischen Rechtfertigung des Redens von Gott, Freiburg/München (1971) [4]1995 (bes. Kap. 4: Gottesbeweis Mitmenschlichkeit; Kap. 7: Gottes Menschlichkeit - Analogie);

Konturen der Freiheit. Zum christlichen Sprechen vom Menschen, Frankfurt/M. (1973) [2]1981 (darin Kapitel zu Leiblichkeit, Schuld, Tod);

Lernziel Menschlichkeit. Philosophische Grundperspektiven, Frankfurt/M. (1976) [2]1981 (mit Kapiteln zu Angst, Agression, Scham, Glück, Gebet);

Der Mensch ist Person. Zur christlichen Rechtfertigung des Menschseins, Frankfurt/M. (1978) [2]1986 (Kapitel zu Gewissen, Geschlechtlichkeit, Ehe, Gehorsam);

Liebe zumWort, Gedanken vor Symbolen, Frankfurt/M. 1985 (Sinn für Symbole, Novalis' Liebesdienst, Symbol Wasser, Schmerz und Freude nach C. S. Lewis);

Freiheits-Erfahrung. Vergegenwärtigungen christlicher Anthropo-theologie, Frankfurt/M. 1986 (Kapitel zu Sexualität, Kind-sein, Krankheit, Alter, Tod; 14: Ja zu Gott und zum Menschen);

Leben als Mit-Sein. Vom trinitarisch Menschlichen, Frankfurt/M. 1990 (3: Kugel-Ganzheit? 4: Antwort Mit-Sein, 6: Grundgesetz Freigebigkeit);

Spiel-Ernst. Anstöße christlicher Philosophie, Frankfurt/M. 1993 (Selbstannahme, Moral-Begründung, Schwäche und Schmerz, Loslassen - Gelassenheit);

Denken vor Gott. Philosophie als Wahrheits-Liebe, Frankfurt/M. 1996 (5: Dantes Dame Philosophie, 10: Sprachlos vor Leid und Schuld?, 11: Gnade).